CLASSIQU

Collection fondée

c

LÉON LEJEALLE (1949 à 196

Agr

CORNEILLE

NICOMÈDE

avec une Notice biographique, une Notice historique et littéraire, un Lexique, des Notes explicatives, une Documentation thématique, des Jugements, un Questionnaire et des Sujets de devoirs,

par

ANDRÉ CLANET

Diplômé d'études supérieures

Professeur au Lycée de Saint-Girons

LIBRAIRIE LAROUSSE

17, rue du Montparnasse, 75298 PARIS

RÉSUMÉ CHRONOLOGIQUE DE LA VIE DE CORNEILLE 1606-1684

1606 — **Naissance à Rouen,** rue de la Pie, le **6 juin,** de Pierre Corneille, fils d'un avocat au parlement de Rouen. Sa famille, de moyenne bourgeoisie, est pieuse et économe.

1615-1622 — Brillantes études chez les Jésuites de Rouen; il obtient des prix de vers latins.

1624 — Corneille est reçu avocat stagiaire au parlement de Rouen. Il n'aurait, selon la tradition, plaidé qu'une seule fois dans sa vie.

1625 — Il écrit ses premiers vers, publiés en 1632, dans les *Mélanges poétiques*. — Naissance de Thomas Corneille, frère du poète.

1628 — Le père de Corneille lui achète deux offices : celui d'avocat du roi au siège des Eaux et Forêts, et celui de premier avocat du roi « en l'Amirauté de France au siège général de la Table de Marbre du palais de Rouen ». Ces charges valent 11 600 livres et rapportent environ 1 200 livres, soit assez peu. Elles obligent Corneille à une certaine activité administrative.

1629-1630 (date incertaine) — Corneille confie, selon une tradition du XVIIIe siècle, sa **première comédie, *Mélite,*** à la troupe de Mondory, qui passait par Rouen et qui la joue à Paris, au Jeu de paume Berthault.

*1631 — *Clitandre*, tragi-comédie. La pièce est publiée avec les *Mélanges poétiques*.

1631 — *La Veuve*, comédie.

*1632 — *La Galerie du Palais*, comédie.

*1633 — *La Suivante*, comédie.

*1634 — *La Place Royale*, comédie. — Corneille compose, en 1634, une élégie latine en l'honneur de Louis XIII et de Richelieu, de passage à Rouen. *La Gazette* mentionne pour la première fois le nom de Corneille.

1635 — Il aborde la tragédie avec *Médée;* il fait partie - avec Boisrobert, Colletet, L'Estoile et Rotrou - du groupe des cinq auteurs que patronne Richelieu, et reçoit du cardinal une pension qu'il touchera jusqu'en 1643. — Représentation de *la Comédie des Tuileries*, écrite par ce groupe.

1636 — ***L'Illusion comique,*** comédie.

1637 — ***Le Cid,*** tragi-comédie (probablement dans les tout premiers jours de l'année). — **Querelle du *Cid* :** *Excuse à Ariste*, de Corneille; *Observations sur « le Cid »*, de Scudéry; *Sentiments de l'Académie sur « le Cid »*, rédigés par Chapelain. — Corneille peut porter le titre d'écuyer; sa famille se voit accorder des armoiries.

1639 — Mort du père de Corneille.

1640 — ***Horace,*** tragédie.

1641 — ***Cinna,*** tragédie. — Mariage de Corneille avec Marie Lampérière, fille du lieutenant général des Andelys; il aura d'elle six enfants. — Corneille collabore à *la Guirlande de Julie*.

1642** (date très discutée) — ***Polyeucte, tragédie chrétienne. — Naissance, en 1642, de Marie Corneille, trisaïeule de Charlotte Corday.

1643** — ***La Mort de Pompée, tragédie; ***le Menteur,*** comédie. — Corneille rencontre Molière en Normandie.

---

* La chronologie des premières représentations n'est pas toujours fixée avec certitude pour bon nombre des pièces de Corneille antérieures à 1647. Pour chaque date précédée d'un astérisque (*), la pièce fut jouée pendant la saison théâtrale qui, commencée l'année précédente, se termine l'année indiquée. Exemple : *Clitandre* date de la saison 1630-1631.

 ISBN 2-03-870039-7

*1644 — *La Suite du « Menteur »*, comédie. Premier recueil d'Œuvres de Corneille en librairie.

*1645 — ***Rodogune,*** tragédie. — Mazarin commande à Corneille *les Triomphes de Louis XIII :* le poète compose des inscriptions destinées à accompagner des dessins sur les victoires du roi.

*1646 — *Théodore, vierge et martyre*, tragédie chrétienne.

1647 — Corneille est reçu à l'Académie française (22 janvier). — *Héraclius*, tragédie. A l'instigation de Mazarin, Corneille collabore à *Andromède* et reçoit 2 400 livres.

1650 — *Andromède*, tragédie à machines. *Don Sanche d'Aragon*, comédie héroïque. — Corneille, nommé procureur syndic des états de Normandie, en remplacement d'un ennemi de Mazarin, revend 6 000 livres ses charges d'avocat, incompatibles avec ses nouvelles fonctions.

1651 — ***Nicomède,*** tragédie. — Echec de *Pertharite*, tragédie (dans les derniers mois de l'année). — Corneille renonce au théâtre. — Il perd sa charge de procureur syndic, qui est rendue à son ancien titulaire (politique d'apaisement à l'égard des Frondeurs).

1652-1656 — Corneille publie la traduction en vers de l'***Imitation de Jésus-Christ.***

***

1659 — Retour de Corneille au théâtre avec *Œdipe*, tragédie dédiée à Fouquet. A la fin de l'année, un riche noble de Normandie, le marquis de Sourdéac, propose à Corneille l'idée d'une représentation à grand spectacle, en l'honneur du mariage du roi.

1660 — Édition complète du *Théâtre* de Corneille, avec les trois ***Discours sur le poème dramatique*** et les ***Examens*** de chaque pièce.

1661 — *La Toison d'or*, tragédie à machines, représentée « pour réjouissance publique du mariage du Roi et de la Paix avec l'Espagne ».

1662 — *Sertorius,* tragédie. Corneille reçoit une pension annuelle de 2 000 livres (somme assez symbolique, puisque la première du *Tartuffe*, au Palais-Royal, en 1669, rapporta 2 860 livres). — Il quitte Rouen pour venir s'installer à Paris (7 octobre).

1663 — *Sophonisbe*, tragédie. Saint-Evremond défend la nouvelle tragédie; Donneau de Visé, au contraire, l'attaque, tandis que l'abbé d'Aubignac publie quatre dissertations contre *Sertorius, Sophonisbe* et *Œdipe*.

1664 — *Othon*, tragédie. — Un édit ayant révoqué toutes les lettres de noblesse données en Normandie depuis 1630, Corneille adresse un sonnet au roi.

1665 — Corneille perd son fils Charles.

1666 — *Agésilas*, tragédie.

1667 — *Attila,* tragédie, jouée par la troupe de Molière. — L'un des fils de Corneille est blessé au siège de Douai.

1669 — Les frères Corneille obtiennent la confirmation de leur noblesse.

1670 — *Tite et Bérénice*, comédie héroïque, jouée huit jours après la *Bérénice* de Racine. — Traductions de l'*Office de la Sainte Vierge*.

1671 — *Psyché*, comédie-ballet, avec Molière, Quinault et Lully.

1672 — Poème sur les *Victoires du Roi en Hollande*. — *Pulchérie*, comédie héroïque.

1674 — Corneille perd son second fils, tué au siège de Grave en Brabant. — Il donne sa **dernière tragédie, *Suréna.***

1676 — Le roi fait représenter à Versailles six tragédies de Corneille.

1680 — Corneille publie des traductions des *Hymnes de saint Victor*.

1682 — Il donne une **édition complète** de son ***Théâtre.***

1684 — Mort de Corneille, le 1er octobre, à Paris.

Corneille avait quinze ans de plus que La Fontaine; seize ans de plus que Molière; vingt ans de plus que Mme de Sévigné; trente ans de plus que Boileau; trente-trois ans de plus que Racine.

CORNEILLE ET SON TEMPS

	vie et œuvre de Corneille	le mouvement intellectuel et artistique	les événements historiques
1606	Naissance à Rouen (6 juin).	Débuts de Malherbe à la Cour.	Révolte du duc de Bouillon.
1629	*Mélite*, comédie.	Saint-Amant : *Œuvres*.	Richelieu, principal ministre.
1631	*Clitandre*, tragi-comédie. *La Veuve*, comédie.	Mairet : *Silvanire*. Racan : *Psaumes de la pénitence*. Guez de Balzac : *le Prince*.	Révoltes de Gaston d'Orléans. Victoires en Allemagne de Gustave-Adolphe, soutenu par la France (guerre de Trente Ans).
1632	*La Galerie du Palais*, comédie.	Mort d'A. Hardy. Rembrandt : *la Leçon d'anatomie*.	Révolte, défaite et exécution d'Henri de Montmorency. Procès de Marillac.
1634	*La Place Royale*, comédie.	Mairet : *Sophonisbe*, tragédie. Rotrou : *Hercule mourant*, tragédie. Ph. de Champaigne : *le Vœu de Louis XIII*.	Disgrâce et assassinat de Wallenstein.
1635	*Médée*, tragédie. Il fait partie des « cinq auteurs ».	Fondation officielle de l'Académie française.	Déclaration de guerre à l'Espagne.
1636	*L'Illusion comique*, comédie.	Rotrou : *les Sosies*, comédie. Scudéry : *la Mort de César*, tragédie. Tristan L'Hermite : *Marianne*, tragédie.	Complot de Gaston d'Orléans. Perte et reprise de Corbie.
1637	*Le Cid*, tragi-comédie. Querelle du *Cid*.	Desmarets : *les Visionnaires*. Descartes : *Discours de la méthode*. Mort de Ben Jonson.	Révolte des « Croquants » du Limousin. Révolte de l'Ecosse contre Charles Iᵉʳ.
1640	*Horace*, tragédie.	Publication de l'*Augustinus*. Mort de Rubens.	Prise d'Arras et occupation de l'Artois par les Français.
1641	*Cinna*, tragédie. Mariage de Corneille.	Descartes : *Méditations métaphysiques*.	Complot du comte de Soissons.
1642	*Polyeucte*, tragédie chrétienne.	Du Ryer : *Esther*. La Calprenède : *Cassandre*, roman.	Complot et exécution de Cinq-Mars. Prise de Perpignan. Mort de Richelieu (4 décembre), remplacé par Mazarin. Début de la Révolution anglaise.
1643	*La Mort de Pompée*, tragédie. *Le Menteur*, comédie.	Arrivée à Paris de Lully. Découverte du baromètre par Torricelli.	Mort de Louis XIII (14 mai). Victoire de Rocroi (19 mai).
1645	*Rodogune*, tragédie.	F. Mansart commence la construction du Val-de-Grâce.	Victoire française de Nördlingen sur les Impériaux.

1646	*Théodore, vierge et martyre*, tragédie chrétienne.	Rotrou : *Saint Genest*. Cyrano de Bergerac : *le Pédant joué*.	Prise de Dunkerque.
1647	Réception à l'Académie française. *Héraclius*, tragédie.	Rotrou : *Venceslas*. Vaugelas : *Remarques sur la langue française*. Pascal : *Nouvelles Expériences touchant le vide*.	Fuite de Charles Ier en Ecosse : il est livré au Parlement par les Ecossais.
1651	*Nicomède*, tragédie. Echec de *Pertharite*, à la fin de l'année.	Scarron : *le Roman comique*. Hobbes : *le Léviathan*. Ribera : *la Communion des apôtres*.	Alliance du parlement de Paris et des princes. Exil de Mazarin (février). Libération de Condé; ralliement de Turenne à la cause royale.
1659	Retour au théâtre avec *Œdipe*, tragédie, dédiée à Fouquet.	Molière : *les Précieuses ridicules*. Lully : *Ballet de la raillerie*.	Paix des Pyrénées : l'Espagne cède l'Artois et le Roussillon à la France. Abdication de Richard Cromwell.
1662	*Sertorius*, tragédie. Corneille quitte Rouen pour Paris.	Molière : *l'Ecole des femmes*. Mort de Pascal. Fondation de la manufacture des Gobelins.	Michel Le Tellier, Colbert et Hugues de Lionne deviennent ministres.
1663	*Sophonisbe*, tragédie.	Racine : Ode *Sur la convalescence du Roi*.	Invasion de l'Autriche par les Turcs. Lettres patentes pour la fondation de la Compagnie des Indes.
1664	*Othon*, tragédie.	Racine : *la Thébaïde*. Molière : *le Mariage forcé*.	Condamnation de Fouquet, après un procès de quatre ans.
1666	*Agésilas*, tragédie.	Molière : *le Misanthrope; le Médecin malgré lui*. Boileau : *Satires*. Fondation de l'Académie des sciences.	Alliance franco-hollandaise contre l'Angleterre. Mort d'Anne d'Autriche. Incendie de Londres.
1667	*Attila*, tragédie, jouée par la troupe de Molière.	Racine : *Andromaque*. Milton : *le Paradis perdu*.	Conquête de la Flandre par les troupes françaises (guerre de Dévolution).
1670	*Tite et Bérénice*, comédie héroïque.	Racine : *Bérénice*. Molière : *le Bourgeois gentilhomme*. Mariotte découvre la loi des gaz.	Mort de Madame. Les états de Hollande nomment Guillaume d'Orange capitaine général.
1672	*Pulchérie*, comédie héroïque.	Racine : *Bajazet*. Th. Corneille : *Ariane*. Molière : *les Femmes savantes*.	Déclaration de guerre à la Hollande. Passage du Rhin (juin).
1674	*Surena*, dernière de ses tragédies (novembre).	Racine : *Iphigénie*. Boileau : *Art poétique*. Malebranche : *De la recherche de la vérité*.	Victoires de Turenne à Entzheim (Alsace) sur les Impériaux, et de Condé à Seneffe sur les Hollandais.
1684	Mort de Corneille à Paris (1er octobre).	La Bruyère nommé précepteur du jeune duc de Bourbon.	Trêve de Ratisbonne : l'Empereur reconnaît l'annexion de Strasbourg.

BIBLIOGRAPHIE SOMMAIRE

OUVRAGES GÉNÉRAUX SUR CORNEILLE

Octave Nadal — *le Sentiment de l'amour dans l'œuvre de Pierre Corneille* (thèse principale suivie d'une thèse secondaire sur l'étude idéologique des mots clés du vocabulaire cornélien) [Paris, Gallimard, 1948].

Antoine Adam — *Histoire de la littérature française au XVIIe siècle*, tomes I, II et IV (Paris, Domat, 1948, 1951 et 1954).

Georges Couton — *la Vieillesse de Corneille* (Paris, Maloine, 1949).

Bernard Dort — *Pierre Corneille dramaturge* (Paris, Éd. de l'Arche, 1957).

Maurice Descotes — *les Grands Rôles du théâtre de Corneille* (Paris, P. U. F., 1962).

André Stegman — *l'Héroïsme cornélien, génèse et signification* (Paris, A. Colin, 1962, 2 vol.).

Serge Doubrovsky — *Corneille et la dialectique du héros* (Paris, Gallimard, 1964).

SUR « NICOMÈDE »

Georges Couton — *Corneille et la Fronde*, pages 61-77 (Publications de la Faculté des Lettres de l'Université de Clermont-Ferrand, 1951).

SUR LA TECHNIQUE DRAMATIQUE

Jacques Schérer — *la Dramaturgie classique en France* (Paris, Nizet, 1950).

M. O. Sweetser — *la Dramatique de Corneille* (Droz, Genève, 1977).

SUR LE VOCABULAIRE ET LA LANGUE

Jean Dubois, René Lagane et A. Lerond — *Dictionnaire du français classique* (Paris, Larousse, 1971).

Charles Muller — *Étude de statistique lexicale, le vocabulaire du théâtre de P. Corneille* (Paris, Larousse, 1967).

Vaugelas — *Remarques sur la langue française* (Paris, Larousse, « Nouveaux Classiques », 1969).

T. G. Pavel — *la Syntaxe narrative des tragédies de Corneille* (Paris, Klincksieck, 1976).

NICOMÈDE
1651

NOTICE

CE QUI SE PASSAIT EN 1651

■ ***EN POLITIQUE. En France :*** *Devant l'insolence de Condé, grisé par ses victoires, Mazarin le fait arrêter avec son frère Conti et son beau-frère Longueville. Depuis la mi-janvier 1650, ils sont en prison à Vincennes. En novembre, Mazarin les fait transférer au Havre. De grandes dames romanesques soulèvent les provinces, tandis que sous l'impulsion du parlement et de Paul de Gondi (ambitieux coadjuteur de l'archevêque qui deviendra en 1652 cardinal de Retz) l'agitation parisienne reprend. Mazarin est forcé de libérer les princes (13 février 1651), avant de partir lui-même en exil; mais il reste à proximité de la frontière, à Brülh. La Cour quitte Paris, protégée par une petite armée, dont Turenne, un instant frondeur, prend bientôt le commandement, se ralliant ainsi à la cause royale.*

A l'étranger : *Consolidation, en Angleterre, de la dictature de Cromwell; défaite de Charles II à Worcester. Etablissement de la puissance navale britannique : Acte de navigation en vertu duquel les marchandises ne peuvent être importées en Angleterre que par des navires anglais ou appartenant au pays producteur.*

■ ***EN LITTÉRATURE :*** *En mars 1650, Descartes meurt en Suède, et Rotrou au cours d'une épidémie, à Dreux. Mort du grammairien Vaugelas et de la célèbre courtisane Marion Delorme. En 1651, mort du père de Pascal, qui entre dans sa période de vie mondaine. Le 4 février 1651 le marquis de Sévigné est tué en duel par le chevalier d'Albret. L'écrivain espagnol Luis Quinones de Benavente meurt la même année. — Naissance de Fénelon et de Jean Bart. Racine est élève aux Petites Ecoles de Port-Royal avant d'être envoyé au collège de Beauvais. Il a 12 ans. — Publication du* Grand Cyrus *(1649-1653) de M*[lle] *de Scudéry, du* Roman comique *de Scarron, d'un* Mémoire sur la vie de Malherbe *de Racan, du* Léviathan *de Hobbes. Le Hongrois Nicolas Zrinyi publie une épopée historique :* la Défaite de Sziget.

■ ***DANS LES SCIENCES :*** *Huygens publie ses* Théories sur la quadrature de l'hyperbole, de l'ellipse et du cercle. *La machine pneumatique a été inventée l'année précédente par l'Allemand Guericke, et Pascal, la même année, a envoyé sa machine arithmétique à Christine de Suède. En médecine, le Suédois Rudbeck découvre, en 1652, les vaisseaux lymphatiques. En 1650, on estime la population mondiale à 465 millions d'habitants. La même année, l'Allemand Varenius donne le premier bon traité de géographie générale.*

■ **DANS LES ARTS. En architecture :** *Apparition du style classique. Chambray publie son* Parallèle de l'architecture antique avec la moderne. *L'architecte Mansart achève le château de Maisons (1642-1651). Grands architectes français de l'époque : Jacques Lemercier (61 ans), François Mansart (53 ans; son neveu Jules Hardouin-Mansart n'a alors que 5 ans), Louis le Vau (39 ans), Claude Perrault (38 ans), François Blondel (34 ans).* — **En peinture :** *Velasquez a fait venir en 1650 Zurbaran à Madrid. Ribera peint en 1651* la Communion des Apôtres. *C'est la grande époque de Jordaens (58 ans) et de Van Dyck (52 ans) en Flandre; de Rembrandt (45 ans) et de Frans Hals (71 ans) en Hollande; de Murillo (24 ans), de Velasquez (52 ans), de Zurbaran (53 ans), de Ribera (63 ans) [qui mourra en 1652] en Espagne; de Pietro de Cortone (55 ans), du Guerchin (61 ans), de l'Albane (73 ans) en Italie. En France, une pléiade de grands peintres s'imposent dans les genres les plus variés : Nicolas Poussin (57 ans), le paysagiste Claude Gelée dit « le Lorrain » (51 ans), Lesueur (34 ans) et Georges de La Tour (58 ans) dans la peinture religieuse, le portraitiste Philippe de Champaigne (49 ans), Juste d'Egmont (49 ans), qui fit le portrait de Condé, Mathieu Le Nain (54 ans) dans la peinture de genre, le peintre officiel Le Brun (32 ans), Nicolas Mignard (45 ans) et son frère Pierre Mignard (41 ans), qui ont laissé des portraits célèbres.* — **En musique :** *Le grand organiste et compositeur Henri Du Mont (41 ans) écrit* Cantica sacra *(1652). Seule la musique religieuse connaît de grands noms : en France Du Mont, en Italie Carissimi (46 ans), en Allemagne H. Schutz (66 ans). Lully n'a que 19 ans et Marc-Antoine Charpentier n'en a que 17.*

LE THÉÂTRE VERS 1650 : LA CRISE DE LA TRAGÉDIE

En 1647-1648, la production de poèmes tragiques est encore abondante. On en dénombre une quinzaine environ. Mais, tout à coup, cette production tombe, et, de 1649, il ne reste aucune tragédie. En 1650, il n'y en aurait pas davantage[1] si un avocat, qui sera l'ami de Racine et de Boileau, M. de Montauban, n'avait tenté cette année-là la fortune du théâtre et donné pour ses débuts une tragédie d'une valeur très médiocre, *Zénobie* (reine de Palmyre, vaincue par Aurélien).

Georges Couton a essayé d'expliquer cette crise momentanée de la tragédie : « Les théâtres n'ont-ils pas été obligés pendant l'année 1650-1651 à des périodes de fermeture, on l'ignore. On sait mal aussi quelles tragédies nouvelles ont pu être créées. En une période tumultueuse comme la Fronde, la tragédie se joue dans la rue, et l'on demande au théâtre de divertir et d'amuser, beau-

---

1. La tragédie à machines d'*Andromède* a été commandée à Corneille par Mazarin en 1647 pour le carnaval de la Cour de 1648. Le poète en reçoit d'avance le prix. Mais le jeune roi ayant fait une grave maladie, le spectacle ne sera pas monté pour le carnaval de 1648. Il ne sera présenté devant Leurs Majestés qu'en 1650. Vers le même temps se joue *Don Sanche d'Aragon*, qui est une « comédie héroïque ».

coup plus que de faire penser. Le genre de la tragédie est une des victimes littéraires de la Fronde. Aucune autre création que celle de *Nicomède* n'est attestée[1]. » Certains pensent que *Balde, reine des Sarmates,* tragédie de Jobert, est de cette année-là. Toujours est-il que si les deux années 1647 et 1648 ont vu jouer quinze tragédies, les sept années suivantes, 1649-1655, n'en ont vu jouer que six. Bédier et Hazard n'hésitent pas à écrire dans leur *Histoire de la littérature française illustrée* (page 284) : « On peut penser que ce genre illustre est à l'agonie. Les pièces même de Corneille, entre *Héraclius* et *Pertharite,* n'ont guère que le nom de tragédie. Par quoi est-elle donc remplacée? Par la tragi-comédie, qui est très florissante, c'est-à-dire par le roman mis à la scène. »

Faut-il donc voir dans *Nicomède* une pièce de circonstance? Faut-il reconnaître que c'est avant tout par son côté romanesque et aventureux qu'elle se rattache à l'époque de la Fronde? Quoi qu'il en soit, les circonstances aidant, la pièce connut dès sa sortie un beau succès.

REPRÉSENTATIONS DE « NICOMÈDE »

Nicomède est la vingt et unième pièce que Corneille ait « fait voir » sur la scène. Il le dit lui-même au début de l'Avis au lecteur. Elle fut représentée pour la première fois, sur la scène de l'Hôtel de Bourgogne, en pleine Fronde, en février 1651, peu après ou peu avant la délivrance des princes, qui, sortis de prison le 13 février 1651, arrivaient à Paris le 16. C'est du moins ce que permet de croire le témoignage de Mlle de Montpensier : « Elle fut mise au jour, dit-elle, aussitôt après la liberté de M. le prince », ou l'assertion de Jolly dans son Avertissement du théâtre de Corneille en 1738 : « Les princes étant sortis de prison dans le temps qu'on jouait *Nicomède,* quelques vers donnèrent matière à des applications qui augmentèrent le succès de la pièce. » « La représentation n'en a point déplu », déclare modestement Corneille. En fait, la qualité du sujet politique et romanesque, la recherche par le public d'allusions aux événements du jour contribuèrent au succès, qui fut vif. Ce succès semble être attesté par l'écart entre la date où le privilège est accordé à *Nicomède* (le 12 mars 1651) et celle de l'achevé d'imprimer (le 29 novembre) : une pièce n'était pas publiée tant qu'elle tenait l'affiche. La troupe qui la jouait donnait un pourcentage à l'auteur. Quand le succès tombait, l'auteur lui-même publiait la pièce, et n'importe qui dès lors pouvait la jouer ou l'imiter.

C'est ainsi que *Nicomède,* après avoir connu le succès à Paris, va le connaître en province. Sept ans après la première (1658), Molière jouait *Nicomède* à Rouen avec sa troupe, profitant très certainement des conseils et des indications de Corneille lui-même, qui semblait, après l'échec de *Pertharite,* consacrer sa retraite à

1. *Corneille et la Fronde*, page 62.

faire son salut. « L'auteur avait beau être marguillier et saint homme, écrit Jules Lemaitre, il ne put s'empêcher d'y aller voir[1]. » C'est encore *Nicomède* que Molière choisit (avec *le Docteur amoureux*) lorsqu'il fut admis à se présenter pour la première fois devant le roi dans la salle des Gardes du Louvre, le 24 octobre 1658. L'éclatant succès de sa troupe lui vaut l'autorisation de partager avec les comédiens-italiens la salle du Petit-Bourbon, qui leur était réservée.

Nicomède fut quelquefois repris par la suite par d'autres troupes. Mais il n'est guère possible d'apporter des précisions. Nous n'avons les registres ni de l'Hôtel de Bourgogne ni du théâtre du Marais, où presque toutes les pièces de Corneille et de Racine ont été jouées dans leur nouveauté. On comprend donc que pour toutes les pièces de ces deux auteurs, à l'époque où elles furent jouées le plus souvent, c'est-à-dire dans les années qui suivirent leur création, les renseignements nous manquent. Ce n'est qu'à partir de 1680 qu'il y a unification des théâtres à Paris par un ordre du roi, contresigné par Colbert, et formation d'une seule troupe, la « Comédie-Française ».

Sous le règne de Louis XIV, de 1680 à 1700, *Nicomède* fut représenté 150 fois[2]. Sous Louis XV, 50 fois; sous Louis XVI, 13 fois; sous la Révolution, aucune fois; du Directoire à la fin de l'Empire, 77 fois; sous la Restauration, 27 fois; sous Louis-Philippe, 19 fois; sous la seconde République, aucune fois; sous le second Empire, 4 fois. Après un succès solide sous Louis XIV, le fléchissement au XVIIIe siècle, suivi d'une forte reprise sous l'Empire, puis d'un nouveau fléchissement à partir de la Restauration, se vérifie pour la plupart des grandes pièces de Corneille. Au total, le chiffre des représentations de *Nicomède* sur la scène de la Comédie-Française était de 371 au 31 mars 1968 (*Nicomède* y a été joué pour la dernière fois en 1962). A la même date, *le Cid* avait eu 1509 représentations; *Horace*, 863, *Cinna*, 742; *Polyeucte*, 709; tandis qu'*Andromaque* en comptait 1358 et *Phèdre* 1350.

En 1651, à l'Hôtel de Bourgogne, ce sont les comédiens du roi qui, croit-on, ont joué les premières de *Nicomède*. On en est réduit à des suppositions pour les premiers interprètes de la tragédie : Floridor, entré à l'Hôtel de Bourgogne en 1643, dut jouer le rôle de Nicomède. Ce furent ensuite Baron à la fin du XVIIe siècle, Grandval, Lekain au XVIIIe siècle, Talma au XIXe siècle, qui s'illustrèrent dans le rôle. On ne cite au XVIIe siècle aucune actrice célèbre dans le rôle de Laodice, où devaient se distinguer, au XVIIIe siècle, Mlle Adrienne Lecouvreur, Mlle Clairon, Mme Vestris et, plus tard,

---

1. C'est ainsi que Corneille fit la connaissance de l'étoile de la troupe, la Du Parc, dite « Marquise », qui, avec ses vingt-trois ans et sa beauté exquise, aurait pu faire une charmante Laodice. Elle devait contribuer à donner à Corneille une seconde jeunesse. C'est pour elle qu'il écrira plus tard le rôle d'Ildione dans *Attila;*
2. Pour la même période *le Cid* a eu 242 représentations, *Horace* 145, *Cinna* 166 et *Polyeucte* 112.

Mme Segond-Weber. Prusias était joué à l'Hôtel de Bourgogne par Montfleury (voir à la scène première de *l'Impromptu de Versailles* les railleries de Molière sur la voix puissante et les gestes peu mesurés de cet acteur dans le rôle de Prusias); Silvain, au début de ce siècle, jouait le rôle avec une rare intelligence, et c'est Jean Yonnel qui, de nos jours, à la Comédie-Française, interprète ce personnage aux côtés de Louise Conte dans le rôle d'Arsinoé.

Au XVIIIe festival d'Avignon, du 17 juillet au 3 août 1964, sous la direction de Jean Vilar et de Georges Wilson, le T. N. P. a joué *Nicomède* dans une mise en scène de Roger Mollien (création au T. N. P. et au festival d'Avignon).

ANALYSE DE LA PIÈCE

(Les scènes principales sont indiquées entre parenthèses.)

■ *ACTE PREMIER.* **D'une confidence à l'autre : intrigues de palais.**

Nous sommes à la cour de Prusias, roi de Bithynie, au deuxième siècle avant J.-C., peu de temps après la mort d'Annibal, qui y avait cherché refuge. Prusias a deux fils : d'un premier mariage, Nicomède, disciple d'Annibal et glorieux capitaine; d'Arsinoé, sa seconde femme, intrigante ambitieuse qui règne à la Cour et domine son mari, il a eu un second fils, Attale, élevé à Rome, d'où il est revenu récemment tout gorgé de sa nourriture. La jeune reine d'Arménie, Laodice, se voit retenue à la cour de Prusias, à qui son père l'a confiée. Nicomède et son demi-frère en sont amoureux, mais c'est le fils aîné du roi qu'elle aime. Nous les trouvons tous deux en conversation. Nicomède a quitté brusquement, sans la permission du roi, l'armée qu'il commande pour venir s'exposer seul et désarmé aux dangers et aux ennemis qui le guettent à la Cour, où il fait trop de jaloux. Laodice blâme son imprudence : la reine déteste son beau-fils et elle est prête à tout pour assurer le pouvoir à son propre fils, aidée par l'ambassadeur de Rome, Flaminius. Nicomède répond que son armée n'est pas plus sûre pour lui : la reine la sème d'assassins chargés de le tuer. Il les a arrêtés, et vient confondre sa marâtre et obtenir justice. Laodice, rendue à ses raisons, jure de lutter et de périr, s'il le faut, avec lui **(scène première).**

Attale renouvelle ses déclarations d'amour pour Laodice. Elle le repousse avec un dédain railleur. Nicomède, qui assiste à l'entretien et a l'avantage de n'être pas connu de son demi-frère, s'amuse, en se mêlant à l'entretien avec ironie, à piquer et à embarrasser Attale, qui finit par s'emporter **(scène II).**

Arsinoé survient et feint la surprise en voyant Nicomède. Elle échange avec lui des paroles hautaines et menaçantes. Attale est confus et demande à Nicomède d'excuser son attitude. Nicomède l'invite à se mesurer à lui loyalement pour la conquête de Laodice, sans l'appui de Rome ni celui du roi, et il se retire.

Arsinoé envoie Attale vers Flaminius. La reine, restée seule avec sa confidente Cléone, lui explique ses desseins les plus secrets : elle n'a pas voulu tuer son beau-fils; c'est elle qui, par de faux assassins, a provoqué le retour de Nicomède pour l'enlever à son armée; elle espère qu'il se perdra en bravant le roi et Rome en la personne de son ambassadeur. Ainsi, le trône et Laodice resteront libres pour son fils **(scène V).**

■ *ACTE II.* **D'une influence à l'autre : un fils trop dangereux.**

Prusias se plaint et s'irrite du retour de son fils comme d'une désobéissance du prince, rendu orgueilleux par ses victoires. Il expose à son capitaine des gardes, Araspe, le piège qu'il va tendre à Nicomède : son fils recevra l'ambassadeur romain, qui demande audience, et lui fera réponse. Prusias n'est que trop disposé à se débarrasser d'un fils si puissant; il laisse voir à son confident combien la reconnaissance lui pèse; et Araspe, vendu à Arsinoé, tout en feignant de rassurer le roi, attise ses griefs contre le prince **(scène première).**

Prusias accueille fort mal Nicomède, malgré le respect avec lequel il se présente à lui; puis il feint de s'apaiser et tend le piège à son fils. Nicomède y tombe et accepte de répondre pour le roi à Flaminius **(scène II).**

Flaminius, au nom du sénat romain, demande pour Attale une couronne. Nicomède réplique chaudement : il oublie qu'il est le fils de Prusias pour se souvenir seulement qu'il est l'élève d'Annibal. Pourquoi les Romains se mêlent-ils de distribuer des diadèmes? Il s'emporte, il outrage Flaminius. Ce dernier répond que Nicomède craint à tort pour sa couronne héréditaire : Attale sera roi en épousant la reine d'Arménie. Ce coup n'effraie point Nicomède : Laodice est reine et libre de choisir son époux. Là-dessus, il met fin à l'entretien sur un ton ferme et menaçant **(scène III).**

Prusias, pour complaire à Flaminius, décide d'intervenir directement auprès de la jeune reine. Le roi présentera l'ambassadeur, qui fera la demande.

■ *ACTE III.* **Une âme sœur. La révélation d'une âme naïve mais généreuse.**

Prusias essaie en vain de faire pression sur Laodice pour qu'elle épouse Attale : c'est à ce prix qu'elle entrera en possession du trône d'Arménie; Rome le veut ainsi. Il prend l'occasion de parler haut **(scène première).**

Flaminius demeure seul auprès de Laodice, qui n'écoute pas plus favorablement ses conseils amicaux. Il a beau vanter les avantages d'une alliance avec Rome, il ne s'attire que refus et railleries **(scène II).**

Nicomède, qui survient, renvoie l'« empoisonneur d'Annibal » sans lui ménager les outrages.

Puis il annonce à Laodice qu'il a dénoncé le complot d'Arsinoé à son père. La jeune reine s'inquiète avec beaucoup plus de clairvoyance que son amant. Laodice se retire, car Attale paraît. Elle le laisse en tête à tête avec Nicomède.

Nicomède reproche à son frère de ne pas tenir sa parole et de faire appel à la protection des Romains et du roi; Attale se défend avec esprit. Araspe et Arsinoé viennent chercher Nicomède de la part de Prusias; c'est l'occasion entre le beau-fils et la belle-mère d'une altercation rapide et piquante. Nicomède s'éloigne **(scène VII).**

Arsinoé annonce à Attale la perte où court son frère. Attale, exprimant des scrupules, hésite à suivre sa mère jusqu'au bout.

■ *ACTE IV.* **L'intrigue triomphe.**

Devant le roi, Arsinoé joue la comédie de l'innocence calomniée. Par ses soupirs et ses pleurs, elle attendrit le vieux Prusias. Enhardie par ce premier succès, elle joue maintenant la comédie du pardon et demande la grâce de ce beau-fils ingrat. Nicomède repousse dédaigneusement cette aide et oppose à cette fourberie la longue liste de ses services et la raillerie la plus hautaine. Le malheureux père est bien convaincu que sa femme est innocente et que Nicomède a imaginé ce complot pour perdre Arsinoé. Nicomède a beau être admirable de présence d'esprit comme de fierté, soutenir qu'un homme comme lui avait la possibilité de se venger en soulevant ses troupes, non en calomniant une femme, il lutte en vain contre les événements plus forts que lui, contre ce tribunal où siège un juge hostile. Toutefois, le supplice qu'il demande pour les deux traîtres, Métrobate et Zénon, embarrasse fort Arsinoé, qui doit pousser à bout sa comédie et se retire en effrayant son faible époux avec une habileté consommée **(scène II).**

Prusias, qui veut ménager ses intérêts et sa tranquillité, cherche une transaction qui l'accommode avec tous. Il met en demeure son fils de choisir entre Laodice et l'héritage paternel. Nicomède refuse ce choix imposé, car son père n'est pas mort, et Laodice est libre. Prusias est irrité de cette résistance **(scène III).**

Flaminius entre alors, et Prusias, par une brusque décision, annonce qu'Attale sera seul héritier, et il fait arrêter Nicomède pour le remettre en otage à Rome. Attale, resté seul avec Flaminius, voit Rome l'abandonner. L'ambassadeur lui fait comprendre que Rome ne permettra pas la réunion de l'Arménie et de la Bithynie, et lui ordonne de renoncer à Laodice. Attale, alors, voit clair dans les intentions de Rome. Il a enfin les yeux dessillés **(scène V).**

Attale est seul; il comprend tout. Il n'est que le jouet de Rome. Déçu par la dure politique romaine, il préfère se donner pour maître ce frère qu'il admire : il sauvera Nicomède **(scène VI).**

■ *ACTE V.* **La générosité triomphe.**

Le peuple s'est soulevé en apprenant le sort de Nicomède. Arsinoé en est peu émue et se montre plus soucieuse de la passion tenace d'Attale pour Laodice. Mais Attale montre clairement à Arsinoé qu'il a compris toute la perfidie des combinaisons romaines. Il feint de se rendre aux raisons de sa mère **(scène première).**

Flaminius annonce que la révolte augmente. Il s'en inquiète et demande qu'on prenne rapidement des mesures pour y remédier.

Prusias entre et accuse les gens de Laodice d'avoir soulevé le peuple. Cléone apporte des nouvelles alarmantes : le peuple vient de massacrer Métrobate et Zénon, les complices d'Arsinoé, et demande à grands cris Nicomède. Araspe entre à son tour. Il ne répond plus de son prisonnier. Prusias songe à jeter à la foule la tête de ce fils dangereux. Mais Flaminius lui rappelle qu'il est désormais l'otage de Rome, et il le réclame. Sur les conseils d'Arsinoé, on décide que Flaminius emmènera son prisonnier par une porte secrète, pendant que le roi amusera le peuple. Attale va agir de son côté : ses propos sont énigmatiques **(scène V).**

Laodice, qui ignore ce qui vient de se comploter et croit au triomphe de Nicomède, arrive en traitant Arsinoé avec hauteur; celle-ci, persuadée que Nicomède est perdu, répond avec non moins de hauteur. Elle annonce à sa rivale l'enlèvement de son amant. Laodice éclate en transports d'indignation et jure qu'elle ira jusqu'à Rome arracher Nicomède aux Romains. Mais tout change soudain : Attale, de retour, annonce qu'Araspe a été tué et que Nicomède s'est échappé. Prusias et Flaminius ont pris le large **(scène VII).**

Prusias et Flaminius reparaissent : ayant renoncé à fuir, ils reviennent auprès d'Arsinoé, qui, désespérée, veut mourir. Mais Laodice promet à tous la générosité du vainqueur. En effet, Nicomède rentre au palais après avoir calmé le peuple et offre un pardon général et généreux. A qui doit-il la liberté? Attale tend à son frère l'anneau prouvant que c'est lui-même qui a voulu se racheter auprès de ce frère qu'il admire. La générosité de Nicomède dissipe toutes les discordes, et l'alliance loyale qu'il offre à Rome satisfait un Prusias toujours aussi soumis au prestige romain **(scène IX).**

SOURCES[1] ET GENÈSE DE LA PIÈCE

Comme il le signale dans l'Avis au lecteur, Corneille s'est inspiré d'un court récit de Justin, historien latin du IIe siècle apr. J.-C. (abrégé des *Historiae Philippicae*, de Trogue Pompée, XXXIV, IV), qu'il reproduit tout en reconnaissant que ce n'était là qu'un point

---

1. L'étude des sources livresques de *Nicomède* a été faite par Riddle, *The genesis and sources of P. Corneille's tragedies from « Médée » to « Pertharite »*, pages 153-180, Baltimore, 1926.

d'appui. Il a complété ces indications par des emprunts aux historiens grecs Appien[1] (*Mithridate*, 2-7) et Diodore de Sicile[2] (XXV et XXXVII). Plutarque *(Vie de Flaminius)*, Polybe (XXIX, IX-XXXI, XIV), Salluste *(Jugurtha)*, Tite-Live (XXXVII, LII et LIX; XLI, XLIV) ont pu préciser sa documentation sur la politique de Rome envers ses alliés. Il a dû aussi avoir sous les yeux l'*Histoire romaine* de Scipion Dupleix, publiée en 1638, qui met en lumière la résistance obstinée de Mithridate, tout en montrant l'expansion romaine dans le bassin oriental de la Méditerranée, de petits souverains prosternés ou flagorneurs devant le sénat et la toute-puissance romaine, des rois qui n'hésitent pas à remettre leurs fils en otages et tremblent devant les ultimatums romains.

Que lui donnait l'histoire? Qu'a-t-il ajouté, retranché ou modifié? A vrai dire, tous les personnages principaux, sauf celui de Laodice, sont historiques dans une certaine mesure. Mais il s'est accordé, comme il le fait souvent, la faculté, nécessaire au poète, de modifier les données historiques. Dans son édition du théâtre de Corneille, Petit de Julleville écrit : « Corneille seul pouvait entreprendre de tirer de ces vingt lignes de Justin un large tableau de la politique romaine aux prises, dans l'Asie barbare, avec les dynasties locales affaiblies et les résistances nationales exaspérées. Il eût pu personnifier cette résistance du monde asiatique dans le personnage fameux de Mithridate; mais ce prince, trop célèbre, laissait moins de liberté à son imagination créatrice. Il lui préféra l'obscur Nicomède et, pour tracer un portrait tout historique, voulut ne demander qu'un nom à l'histoire. Rien n'est plus cornélien que ce procédé, qui enferme un tableau vrai dans un cadre tout romanesque. » Deux passages du *Discours de la tragédie* sont significatifs à ce sujet : « Il m'était beaucoup moins permis, écrivait Corneille, dans *Horace* et dans *Pompée,* dont les histoires ne sont ignorées de personne, que dans *Rodogune* et dans *Nicomède,* dont peu de gens savaient les noms avant que je ne les eusse mis sur le théâtre. La seule mesure qu'on y peut prendre, c'est que tout ce qu'on y ajoute à l'histoire et tous les changements qu'on y apporte ne soient jamais plus incroyables que ce qu'on en conserve dans le même poème. » Corneille n'a donc pas cherché, selon son habitude, à dissimuler les libertés qu'il prenait avec l'histoire. « J'ai beaucoup osé dans *Nicomède :* Prusias, son père, l'avait voulu faire assassiner dans son armée; sur l'avis qu'il en eut par les assassins mêmes, il entra dans son royaume, s'en empara et réduisit ce malheureux prince à se cacher dans une caverne, où il le fit assassiner lui-même. Je n'ai pas poussé l'histoire jusque-là, et après l'avoir peint trop vertueux pour l'engager dans un parricide, j'ai cru que je pouvais

1. Voir ce texte dans les Documents, page 153; 2. Voir ce texte dans les Documents, page 153.

me contenter de le rendre maître de la vie de ceux qui le persécutaient, sans le faire passer plus avant [...] Tout ce qui se passe dans *Nicomède* est impossible, puisque l'histoire porte qu'il fit mourir son père sans le voir, et que ses frères du second lit étaient en otages à Rome lorsqu'il s'empara du royaume. » Voilà dans quel esprit Corneille transforme les documents que l'histoire lui transmet. Il ne recueille, dans une histoire souvent obscure et complexe, toujours peu sûre, que les faits qui lui permettront de créer une vérité dramatique et psychologique.

Le personnage de Prusias est tiré de Prusias II, dit « le Chasseur », roi de Bithynie de 192 à 149 avant J.-C. Il fut tué par son fils Nicomède II, surnommé ironiquement *Philopator* (« Ami de son père »), qui lui succéda de 149 à 90 avant J.-C. Avec le « généreux » cornélien, Nicomède II n'a guère de commun que le nom. Les historiens ne nomment ni les femmes ni les autres enfants de Prusias. Les personnages d'Attale, Arsinoé, Laodice sont imaginaires. Tout au plus peut-on retrouver leurs noms dans l'histoire de l'Orient à cette époque. Appien parle d'un Attale, roi de Pergame, à qui Prusias déclara la guerre. Une Laodice Ire, épouse de Mithridate Evergète, eut pour fille Laodice II, reine de Cappadoce, sœur et première épouse de Mithridate Eupator. L'histoire rapporte aussi qu'elle épousa Nicomède II, son vainqueur. Il a existé une Arsinoé II Philadelphe, née en 316 avant J.-C. d'une seconde union de Ptolémée Ier, fondateur de l'État égyptien. Ptolémée avait épousé d'abord Eurydice, puis Bérénice, qui eut une grande influence sur son mari, si bien que ce fut son fils que Ptolémée désigna comme héritier au lieu de Ptolémée Ceraunos, fils aîné d'Eurydice. Cette Arsinoé fut une intrigante avide de régner. Après avoir porté deux couronnes, celles de Thrace et celle de Macédoine, elle avait aspiré à une troisième, celle d'Égypte. Pour l'obtenir, elle devait épouser son frère, qui avait épousé sa belle-fille Arsinoé Ire. Pour se débarrasser de cette dernière, elle fomenta la plus affreuse des intrigues en la faisant accuser par des complices d'avoir voulu attenter à la vie de son époux, et, bien entendu, les complices inventés à cet effet furent exécutés, et la belle-fille fut exilée. Arsinoé épousa alors son frère et devint ainsi reine pour la troisième fois, satisfaisant son ambition démesurée et gagnant son surnom de *Philadelphe* (« Amante de son frère »)[1].

De tous les personnages de *Nicomède*, Prusias est assurément celui dont les traits sont le moins altérés. Mais Corneille en fait un type, pour personnifier tous les rois avilis sous la tutelle de Rome. Toutefois, le Prusias de l'histoire est un Oriental à l'âme basse et cupide, un allié fort peu sûr et fort peu naïf des Romains, contre lesquels il se rebelle quelquefois (voir le texte d'Appien). Corneille

---

1. Voir Ernst Kornemann : *Femmes illustres de l'Antiquité* (Horizons de France, 1958).

a seulement retenu sa complaisance pusillanime pour souligner le contraste entre ce monarque dégradé et son généreux fils.

C'est en élevant ses personnages à la dignité de types que Corneille a créé un drame plus éminemment historique que l'histoire même. En Nicomède, ce sont tous les Annibal et les Mithridate que l'on voit revivre. Corneille a négligé la vérité extérieure, la couleur locale, à laquelle nous attachons tant d'importance et qui demandait que le fougueux prince oriental poignardât son père ou frappât au visage Flaminius. Il a préféré le conflit combien plus dramatique de deux hommes armés de la seule force morale. Il n'a pas reculé devant un anachronisme de trente-cinq ans[1] pour faire de Nicomède le disciple d'Annibal, dont l'ombre plane sur la pièce. Le nom d'Annibal devait figurer dans le conflit, et Corneille n'a pu se résigner à l'écarter. Il n'a pas hésité non plus à faire de l'ambassadeur romain le fils même du vaincu de Trasimène[2]. Tout cela tend à montrer que, pour Corneille, le véritable sujet de sa pièce est l'antagonisme tout politique de Nicomède et de Flaminius.

Comme on le voit, Corneille a librement puisé dans l'histoire sans s'y asservir. « J'ai beaucoup osé dans *Nicomède* », avoue-t-il lui-même. A vrai dire, c'est en poète dramatique, non en historien, qu'il a composé un vaste tableau de l'Orient sous la domination romaine. Intrigues politiques que renforcent les rivalités domestiques, avilissement des rois sous l'ascendant de Rome, résistances nationales à la toute-puissance des maîtres du monde : telle est la synthèse qu'offre *Nicomède.* Ce genre de sujet est dans le goût du temps; les deux grands adversaires de Rome, Annibal et Mithridate, avaient déjà inspiré d'autres œuvres : en 1637, La Calprenède avait mis en scène *la Mort de Mithridate,* pièce historique exacte, mais sans intérêt dramatique; en 1631, Georges de Scudéry avait écrit une tragédie intitulée *Annibal*, et en 1649 Jean Le Royer, sieur de Prade, une tragi-comédie du même titre[3].

Mais plus que ces divers essais vite oubliés, la pièce que Corneille avait certainement à l'esprit en écrivant *Nicomède* est *Cosroès,* la dernière grande œuvre de son ami Rotrou, dont la mort était encore toute récente. Représentée pour la première fois en 1648, publiée en 1649, la tragédie de *Cosroès* semble contenir une ébauche des protagonistes de *Nicomède.* Il suffira pour s'en convaincre d'en lire le résumé et de larges extraits cités dans les Documents (pages 153-160).

---

1. L'action se passe peu après la mort d'Annibal (voir vers 252) et par conséquent peu après 183 av. J.-C. Nicomède II est monté sur le trône en 149 av. J.-C. seulement; 2. Caïus Flaminius Népos, fils du vaincu de Trasimène, est confondu par Corneille avec Titus Quinctius Flamininus, libérateur des Grecs (qui battit à Cynoscéphales Philippe de Macédoine et reçut en otage son fils Démétrius) et ambassadeur des Romains en Orient (voir à ce sujet la note du vers 305); 3. Plus tard, outre le *Mithridate* de Racine (1673), Thomas Corneille écrivit *la Mort d'Annibal* (1670), et Marivaux un *Annibal* (1720). Dans cette dernière pièce, Annibal et Flaminius soupirent tous deux pour Laodice, transformée en fille de Prusias.

Enfin, l'ardente actualité, repensée par le poète sous les formes du passé[1], donnait une résonance plus profonde au machiavélisme des grandes scènes, à l'héroïsme éclatant de ce Nicomède en qui on voulait voir le prince de Condé, alors emprisonné, mais qui allait sortir de prison « comme un homme — au dire de La Rochefoucauld dans ses *Mémoires* — qui était plus en état de faire grâce que de la demander ». La sédition populaire que fomente Laodice ne rappelait-elle point la tentative faite par Mme de Longueville pour soulever la Normandie et délivrer son mari et ses deux frères? Flaminius était Mazarin, et Arsinoé, Anne d'Autriche. Corneille avait-il précisément en vue les événements de 1650-1651 ? On doit faire le rapprochement; il est permis de noter la coïncidence; mais on ne peut affirmer qu'ils aient inspiré directement Corneille. Il est toutefois indéniable que le « vent de Fronde » qui a soufflé sur la France pendant les années 1648 à 1653 a influé sur son œuvre. Et Paul Bénichou a pleinement raison lorsqu'il écrit : « En tout ceci l'actualité n'agit pas sur les œuvres littéraires par le détail précis des événements, mais par les conditions générales et par l'atmosphère. »

L'ACTION DANS « NICOMÈDE »

Il n'y a pas d'aventure tragique sans action. Le héros tragique doit donc être un volontaire ou un passionné, car passion et volonté poussent également à agir. Il doit également être seul, car la solitude est une situation tragique. Nicomède répond-il à ce canon de la tragédie? Seul, certes il l'est, bien que nous ayons une solitude à deux. Deux êtres, mais une seule pensée; deux vies, mais un seul destin. Laodice et Nicomède sont si étroitement unis qu'ils forment un tout devant la vie et devant la mort (voir vers 112). Volontaire et passionné, le disciple d'Annibal l'est également pour la grande cause qu'il défend. Est-il actif et participe-t-il à la lutte tragique? Provoque-t-il les événements ou les subit-il, concentrant sur sa personne ce que Corneille appelle l' « unité de péril »? Il provoque la crise, et sa seule présence est déjà action. Il semble subir son destin puisqu'il n'emploie pas la force dont il dispose pour agir, mais il l'affronte ouvertement en luttant à sa manière. Sa soumission apparente n'est jamais passive. Elle n'a rien de la résignation : elle est un acte de volonté.

Presque invulnérable, maître de ses passions, Nicomède oppose aux adversaires qui l'oppriment l'invincible liberté d'une âme supé-

---

1. Il ne faut pas toutefois donner trop d'importance à l'expression de l'Avis au lecteur « L'histoire *m'a prêté* », etc., et y voir un secret de l'art de Corneille comme le fait G. Couton, pour qui la conception du caractère a précédé la recherche du sujet. Il ne s'agit peut-être que d'une manière élégante de s'exprimer.

rieure aux événements. Les hésitations, les craintes et les souffrances, faiblesses péniblement vaincues qui font l'humaine beauté du *Cid* et de *Polyeucte*, sont ici presque éliminées, et avec elles l'émotion dramatique. « L'action, écrit Lanson[1], n'exprime plus le héros », comme le veut le système créé par Corneille. Le même critique ajoute : « Si le protagoniste n'agit plus, ce sera pourtant sa puissance d'agir que [Corneille] étudiera : et il s'appliquera à noter moins la misère de son destin que la tension de sa volonté, qui fera équilibre à toutes les pressions du dehors. Pour mesurer exactement cette tension, le poète fera agir contre lui les personnages secondaires. [...] Arsinoé, Flaminius, Attale travailleront contre ou pour Nicomède. » L'action passe donc aux comparses. Le discours sera la seule manifestation de Nicomède, passif par sérénité, et l'ironie, son arme. Faut-il cependant en arriver à dire avec Lanson que « l'impassibilité du héros répand sa froideur sur l'action »? Il est permis, au contraire, de soutenir que c'est précisément cette passivité audacieuse et hautaine qui fait naître l'inquiétude du spectateur et permet par les diverses réactions des comparses de maintenir l'intérêt en suscitant l'angoisse tragique.

La crise naît avec le brusque retour de Nicomède au palais de son père. Il s'offre ainsi seul et désarmé aux ennemis qui l'attendent. Le succès de la ruse d'Arsinoé paraît assuré. Un coup d'œil jeté sur l'ensemble de la pièce suffit à prouver que le danger de Nicomède va sans cesse grandissant. A l'acte II, il tombe dans le piège que lui tend Prusias. A l'acte III, l'atmosphère se tend encore. A l'acte IV, la crise se précipite, et Nicomède lutte en vain contre les événements, plus forts que lui. Il est arrêté et livré à Flaminius. Sa perte est désormais certaine à moins qu'Attale, dont la générosité se réveille, ne veuille et ne puisse la conjurer. A l'acte V, le soulèvement du peuple en faveur de Nicomède, loin d'être un secours efficace, semble plutôt un danger nouveau, car il exaspère ceux qui disposent de la vie du prisonnier. Le soulèvement qu'a provoqué Laodice est un acte désespéré. Si son amant échappe à la mort, échappera-t-il à une captivité cent fois plus horrible pour lui? N'est-il pas réel, le péril qui, après s'être accru progressivement pendant quatre actes, n'est écarté à la fin du cinquième acte que par le coup de théâtre le plus imprévu à la suite d'une série de scènes haletantes où, dans le palais assiégé par le peuple, le sort de Nicomède se joue jusqu'au dernier moment? La progression dramatique est continue. Elle ne doit rien aux coups de théâtre, soutenue seulement par le jeu de passions et de sentiments qui s'opposent dans une intrigue simple où l'intérêt est constamment en éveil.

Toutefois, l'inquiétude n'est jamais assez vive pour faire perdre de vue le véritable sujet. Nous ne tremblons nullement pour l'amour contrarié du héros. Pourquoi le ferions-nous? Les entraves qu'on

1. Voir les Jugements, page 165.

y apporte ne le tourmentent guère lui-même. Ce qui nous préoccupe, c'est le conflit tout politique de deux hommes et, partant, de deux idéologies. Ce débat élevé cimente l'action et lui donne sa profonde unité. On sait que, pour Corneille, la dignité de la tragédie demande « quelque grand intérêt d'Etat, ou quelque passion plus noble et plus mâle que l'amour » (premier *Discours*). Nicomède, c'est la fermeté d'un grand cœur au service d'une grande cause. « Mon principal but, écrit l'auteur, a été de peindre la politique des Romains au dehors, et comme ils agissaient impérieusement avec les rois leurs alliés, leurs maximes pour les empêcher de s'accroître, et les soins qu'ils prenaient de traverser leur grandeur, quand elle commençait à leur devenir suspecte à force de s'augmenter et de se rendre considérable par de nouvelles conquêtes. C'est le caractère que j'ai donné à leur république en la personne de son ambassadeur Flaminius, qui rencontre un prince intrépide qui voit sa perte assurée sans s'ébranler et brave l'orgueilleuse masse de leur puissance, lors même qu'il en est accablé[1]. »

On comprend dès lors l'abondance des débats politiques dans *Nicomède.* Ils sont cette passion même dont se nourrit l'action et font de l'œuvre un véritable tableau historique, qui, dans un raccourci saisissant, peint l'âme même de la politique romaine en l'opposant à l'esprit fort et résolu du disciple d'Annibal.

« Voici une pièce d'une constitution assez extraordinaire. » Tels sont les mots par lesquels Corneille présente sa pièce. Et il continue : « La tendresse et les passions, qui doivent être l'âme des tragédies, n'ont aucune part en celle-ci. » Ne nous trompons pas sur le sens du mot *passion,* car la volonté audacieuse et l'ardente soif de liberté de Nicomède, son opposition aux Romains sont passionnelles au même titre que l'acharnement d'Arsinoé contre son beau-fils et son amour démesuré du pouvoir. C'est la condition même de la tragédie. Ce qui est absent de *Nicomède,* ce sont les luttes de l'amour contre les autres et contre soi-même, contre l'honneur et le devoir ou contre le destin. Dans le système dramatique habituel de Corneille, les amants se séparent pour se réunir après des épreuves diverses. Or, dès le début de la pièce, Nicomède et Laodice sont sûrs l'un de l'autre, et rien ne les sépare ni ne peut les séparer. C'est contre des ennemis communs qu'ils ont à lutter et non contre eux-mêmes ou contre leur amour. Cette certitude contribue à la force et à l'assurance de Nicomède. Il n'y a jamais dans son âme le doute, même s'il n'est pas apparent, qui fait le tragique des autres héros cornéliens. Ce n'est pas l'honneur ou le devoir qui s'opposent à son amour, c'est la politique de Rome, autrement dit un obstacle qu'il est tenu de combattre au nom même de l'honneur. Il ne saurait donc y avoir le conflit habituel du devoir et de la passion qui

---

1. Voir l'Avis au lecteur (lignes 59-68).

fait d'ordinaire l'âme du tragique cornélien. C'est le conflit politique qui le remplace tout aussi dramatiquement, mais sur un plan plus général. La crise politique seule crée l'angoisse tragique.

Une conception aussi nouvelle de la tragédie exigeait une atmosphère et un ton particuliers. La mâle assurance qu'entraîne la solidité de l'amour, l'ironie qui en est la manifestation chez Nicomède y côtoient les bassesses ridicules et les comédies perfides d'un tyranneau et d'une chattemite. Ces échappées vers la vie, la vérité pleinement humaine des caractères donnent à la pièce des accents de comédie et enlèvent aux débats politiques le côté trop intellectuel et la froideur qu'ils auraient pu avoir. L'ironie avec toutes ses nuances n'y aurait pas suffi. Il fallait donner une large place à la vie, et Corneille, n'écoutant que son génie, a le mérite de l'avoir fait, d'avoir osé le faire.

Malgré ces données particulières, la pièce est, au dire de la plupart des critiques, la plus équilibrée des pièces de Corneille, et l'auteur en avait lui-même conscience. L'*unité d'action* y est scrupuleusement respectée. Tous les éléments du drame sont tellement intégrés à l'ensemble, liés entre eux par une telle nécessité qu'il serait impossible d'en supprimer un seul. Il faut s'appeler Voltaire ou Lekain pour trouver que certaines scènes sont inutiles ou certains comportements injustifiés. C'est ainsi que la scène VI de l'acte V, où Arsinoé et Laodice se bravent réciproquement, n'est pas inutile comme le prétend Voltaire. Elle est nécessaire pour laisser à Attale le temps d'agir et souligne par un contraste saisissant le renversement de situation que crée la nouvelle attitude d'Attale. Le même Voltaire verse une larme sur la mort d'Araspe, qu'il trouve inutile. N'avait-il pas compris qu'Araspe est l'instrument d'Arsinoé auprès de Prusias, le symbole même de sa perfidie, et que sa mort ne peut que satisfaire le spectateur? Les critiques les moins hostiles à Corneille reprochent à son Nicomède de forcer quelquefois l'ironie et de dépasser la mesure. Si l'on supprimait ou si l'on tempérait cette ironie pour mettre dans la bouche du héros un langage toujours sérieux et réservé, il est certain que l'intérêt de l'action même en souffrirait. Le meilleur de cet intérêt est dans la témérité folle de l'héroïque railleur, dans les provocations et les généreuses imprudences qui ne font qu'augmenter le danger, dans la satisfaction que l'on éprouve à voir l'esprit narguer la force et en triompher.

Nicomède respecte également l'*unité de lieu*. Dès l'arrivée de Nicomède, les portes du palais se referment sur lui pour ne s'ouvrir à nouveau que lorsque, la crise politique dénouée, Prusias reconduira Flaminius au port et que Nicomède ira rejoindre ses troupes. La victime se trouve enfermée en un tête-à-tête inévitable avec son destin dans cette cage aux fauves qui ont nom Prusias, Arsinoé, Flaminius. Toute l'action peut très bien se passer dans la grande salle des réceptions officielles ou dans une vague antichambre de convention. Ce n'est pas le lieu qui est tragique en l'occurrence, c'est la situation, la lutte serrée d'intérêts qui s'opposent.

L'*unité de temps* est nécessaire à la condensation dramatique, et Corneille a pris soin d'en observer la règle ici. Flaminius est venu en Bithynie en mission officielle pour « marchander » la mort d'Annibal. Ce n'est pas sans raisons que son séjour s'est prolongé (voir vers 35-36). Il ne dispose plus que de peu de temps. Sa galère l'attend au port, prête à partir. Nicomède lui-même doit rejoindre son armée pour courir vers de nouvelles conquêtes. C'est son brusque retour qui déclenche l'action en provoquant la crise. Pour la dénouer, l'auteur est loin d'utiliser les vingt-quatre heures qui lui sont imparties. Corneille pourrait presque écrire de *Nicomède* ce qu'il écrit de *Cinna* dans le *Discours des trois unités* · « Tous les événements pourraient à la rigueur tenir en deux heures, c'est-à-dire se renfermer dans le temps nécessaire à la représentation de la pièce. » On pourrait supposer également que le premier acte a lieu en fin de matinée; les trois suivants au cours de l'après-midi, et le dernier en fin de journée. A aucun moment de la tragédie, la notion du temps qui presse n'est plus sensible que dans les scènes finales du cinquième acte (voir vers 1541-1542 et 1562). Le mouvement de celles-ci, hâtif et haché, rend tangible l'accélération de l'action, qui se termine à la tombée du jour et peut-être aux flambeaux (voir les vers 1482-1483), ce qui pourrait expliquer qu'Attale, dans la pénombre, ait pu sauver son frère sans être reconnu de lui.

Ces différentes unités (temps, lieu, action) se trouvent unifiées dans ce que Giraudoux a appelé l' « unité de famille ». Car une tragédie est bien souvent un drame de famille. Le milieu familial constitue de lui-même ce vase clos que demandent l'unité du sujet et la tragédie elle-même. Qu'est-ce que *Nicomède,* sinon un père jaloux de son fils qu'il n'aime pas; une belle-mère qui entretient cette haine pour un fils qui n'est pas le sien par l'intermédiaire d'un domestique dévoué qui a nom Araspe; deux frères qui aiment la même jeune fille, qui n'en aime qu'un, précisément ce fils mal aimé; une administration qui déclenche le drame par ses exigences et envenime les débats auxquels elle ne participe pas toujours? Il suffit de placer ces données d'un drame bourgeois sur le plan royal et dans le monde romain. On comprend dès lors que la pièce glisse parfois vers la tragi-comédie ou, même, la comédie, et que la seule unité qui lui fasse défaut soit l'unité de ton.

LES CARACTÈRES

Nicomède compte huit personnages harmonieusement répartis : trois jeunes, qui portent le poids de la tragédie; trois moins jeunes, dont deux donnent à la pièce des airs de drame bourgeois, pour ne pas dire un ton de comédie, et dont le troisième sert de ferment de discorde; deux autres enfin dans le rôle plus ou moins effacé de confidents. En somme, deux générations qui s'opposent : celle des gens arrivés qui doit défendre ses intérêts et exige une obéissance aveugle, celle d'une jeunesse idéaliste et fière qui ne se laisse pas facilement endoctriner et met un point d'honneur à fuir la perfidie et à répudier le malhonnête, qui s'élève toute seule pour ne pas être mal élevée. Il est peu probable que cet équilibre n'ait pas été recherché par l'auteur. Toutefois, la répartition que le conflit tragique rend plus nette est celle de deux camps bien tranchés qui s'opposent : dans ce débat, où la force de Rome entre en lutte avec une autre force, qui est celle du « nationalisme moderne », on distingue, d'une part, les adversaires de Rome, le camp de la résistance, et, d'autre part, les partisans de Rome, le camp de la collaboration et, au cœur des débats, cette force même de Rome représentée en la personne de son ambassadeur tout-puissant.

Le héros qui donne son nom à la pièce, **Nicomède,** est une âme sans mystère. Loyal, fort, généreux, patriote, amoureux, fidèle à Annibal son maître, il a par-dessus tout la conviction de sa supériorité. On ne saurait mieux faire pour dépeindre son caractère que reprendre et développer le beau portrait qu'en a tracé l'auteur lui-même : « [...] Une prudence généreuse qui marche à visage découvert, qui prévoit le péril sans s'en émouvoir et ne veut point d'autre appui que celui de sa vertu et de l'amour qu'elle imprime dans les cœurs de tous les peuples. » Tel Corneille dépeint son héros, tel Nicomède se peint lui-même avec

> [...] une âme ouverte, une franchise entière, [...]
> Qui n'a que la vertu de son intelligence,
> Et, vivant sans remords, marche sans défiance (vers 1163 et 1167-1168).

On trouvait déjà cette jactance castillane chez d'autres personnages cornéliens, et pourtant, en Nicomède, Corneille se flatte d'avoir créé un nouveau type de héros (« ce héros de ma façon »). A vrai dire, on retrouve en lui la plupart des traits qui caractérisent le héros cornélien. Certes, il ne doute pas (or, c'est précisément le doute, même s'il n'est pas apparent, qui fait le tragique du héros cornélien), mais c'est qu'il n'a pas à douter. Si le héros créé semble changer, c'est que les circonstances et la situation ne sont pas les mêmes. Rodrigue, sans ses tourments d'amour et ses ennuis d'honneur, ne serait guère différent. Quand Chimène lui revient, son cri de victoire a la mâle assurance qui caractérise Nicomède (« Paraissez Navarrais, Maures et Castillans... », *le Cid,* vers 1558-1564). Les circonstances particulières dans lesquelles l'auteur place son héros font qu'il n'y a en lui nulle faiblesse, nulle souffrance, nulle crainte, nulle hésitation. C'est ainsi qu'on a souvent considéré Nicomède comme une sorte de limite du héros cornélien, qui n'inspire que de l'admiration et est trop chargé de perfection pour que nous ayons peur pour lui. L'auteur qui tentait quelque chose de neuf avait voulu faire un personnage romanesque autant que tragique.

Nicomède a de nombreux traits du héros romanesque. Parfait en tout point, il est paré de toutes les qualités, et il préfère galamment au pouvoir l'amour, qui a grand poids dans ses décisions. On est loin de tomber cependant dans les excès de la littérature galante, et il faut se garder de comparer Nicomède au Cyrus de Quinault. Nicomède est-il ce héros tout d'une pièce ne suscitant que l'admiration, qui devient le principal, sinon l'unique ressort de la tragédie? Certes, il la suscite, mais, loin d'être monotone et paisible, cette admiration se module aux diverses nuances de l'ironie, qui est l'arme du héros dans ce combat fait d'escarmouches, où l'adversaire prend plaisir à user de la même arme, sans la même méthode toutefois, ni la même dextérité. Cette ironie de Nicomède varie selon la situation où il se trouve placé, selon le caractère de l'ennemi qu'il rencontre. Il a l'esprit assez fin pour adapter le ton aux circonstances, mais aussi il a l'humeur assez vive pour oublier parfois le ton que certaines circonstances exigent. Il est impulsif et se laisse emporter parfois par les mots et par les « chaleurs de son âge ». Il en arrive à être maladroit ou brutal après s'être montré fin diplomate. Son orgueil s'accompagne assez souvent d'arrogances mal placées, et son insistance à railler confine parfois au mauvais goût. A la scène III de l'acte III, le plaisir d'être insolent risque de lui faire commettre quelque faute diplomatique. A la scène VI du même acte, il se montre injuste et cruel pour Attale, qu'il connaît mal. A ce moment-là, il n'est plus le héros entièrement aimable et admiré. Où est donc cette maîtrise de soi excessive qu'on lui a reprochée? Il est vrai que sa forte personnalité et la grandeur de la cause qu'il défend avec tant de fougue font oublier et excusent largement ces instants maladroits. Toujours est-il que nous avons devant les yeux un héros réel et vivant, toujours en lutte, toujours agissant, toujours en révolte contre toutes les bassesses. Ainsi, ces rares défauts, qui le rendent humain et, partant, dramatique, ne font que nous le faire admirer davantage dans toute sa jeunesse rayonnante, qui nous entraîne à sa manière et attire notre sympathie. Plus que des hommes, ce sont des idées que nous le voyons combattre, et le généreux pardon du dénouement, qui l'apparente à Auguste dans *Cinna*, est là pour nous le prouver. C'est avec lui un plaisir très humain que nous prenons à voir, comme on l'a dit, le cœur et l'esprit se jouer et triompher de la force. Nous avons là un des caractères les plus intéressants et les plus originaux qu'ait créés Corneille.

Le caractère de **Laodice** semble manquer un peu de personnalité à côté de ce personnage si original. C'est un Nicomède féminin, et si « l'amante d'un héros aime à lui ressembler », comme l'écrira Corneille dans *Suréna*, celle-ci lui ressemble un peu trop. Même vaillance, même fierté, même superbe dans le langage. En tout digne de Nicomède, femme de tête, mûrie par l'expérience de la Cour, elle le remplace avec brio après son arrestation et pousse aussi loin que lui la témérité. Toutes ses paroles semblent n'être bien souvent qu'un écho des paroles mêmes de Nicomède. Le duo traditionnel des amants cornéliens est poussé à la limite. Les données de la pièce l'exigeaient. Comme à d'autres héroïnes cornéliennes, on a reproché à Laodice de n'être pas assez femme. Il faut reconnaître cependant qu'avant d'atteindre à l'héroïsme total elle connaît l'inquiétude; amoureuse, elle entrevoit les pièges et les craint. Ses inquiétudes vagues, sa clairvoyance toute féminine du début, sa finesse, son esprit par la suite, le secret orgueil qu'elle a du pouvoir de sa beauté font qu'elle reste femme. Mais la contagion de l'héroïsme est venue estomper en elle ces manifestations trop rares de sa féminité. Incertaine du cœur de Nicomède, elle eût eu peut-être, elle aussi, le langage de Chimène. L'absence de tourments d'amour fait que son mérite dramatique est de créer involontairement le danger de Nicomède, l'union des deux cœurs entraînant l'union de deux trônes.

L'ambassadeur **Flaminius** a prolongé son séjour en Bithynie après la mort d'Annibal pour entraver cette union. Fin diplomate, il joue avec une habileté consommée sur le caractère de tous et profite au maximum des circonstances pour faire aboutir sa politique. Chez lui, le personnage (ambassadeur de Rome) l'emporte sur la personne (l'homme et ses intérêts personnels). Agent habile et souple d'une politique sans scrupules, c'est le type de diplomate à la main de fer sous le gant de velours[1]. Il porte en lui toute la grandeur de la République romaine et sait parler haut en son nom quand il en est besoin. On sait que Flaminius est né d'une erreur de Corneille[2], qui a fait du patricien hellénisé que lui fournissait l'histoire un citoyen romain type un peu conventionnel, que quelques fières attitudes relèvent de l'humiliante défaite. A Nicomède, il rend ironie pour ironie, orgueil pour orgueil. Ce n'est point seulement ici l'antithèse de deux politiques : c'est la rivalité de deux volontés superbes qui s'entrechoquent, de deux hommes d'honneur : le fils du vaincu de Trasimène et le disciple du vainqueur. Certes, Flaminius, par les sourdes pratiques de la diplomatie, a l'avantage sur Nicomède, qui combat au grand jour. Mais l'ambassadeur, qui n'a pour le seconder qu'un Prusias et qu'une Arsinoé, partage finalement leur sort de vaincus, sans qu'il faille toutefois exagérer, sur l'aveu même de Corneille, la « mauvaise posture » où le dénouement le laisse. L'ambassade a échoué, mais Rome n'est pas vaincue.

Le vieux roi **Prusias** est un tyranneau sans volonté qui tremble devant Rome et sa femme. C'est une âme plutôt médiocre que criminelle. Ce n'est pas la première fois que Corneille met sur la scène un personnage de ce genre. Les caractères de Félix, le fonctionnaire arriviste de *Polyeucte,* et de Ptolémée, le roi obséquleux et traître

---

1. Le même type de personnage reparait dans *Sophonisbe* (IV, III) en la personne du consul Lélius; **2.** Voir la note du vers 305.

de *Pompée*, annonçaient celui de Prusias. Ce despote rusé et cruel par faiblesse, d'une veulerie exemplaire et d'une niaiserie calculée, est un personnage d'un étonnant relief. Il unit la vérité d'un type historique à celle d'un type humain. Petit de Julleville l'a admirablement dépeint : « Le vieux Prusias, tremblant devant les Romains, devant sa femme, devant Nicomède et même devant Laodice, tiraillé entre toutes les passions contraires qui se livrent bataille autour de lui, n'aspirant qu'à la paix et n'osant l'imposer; exprimant ses petits desseins, ses médiocres vues, sa politique rampante et à courte vue dans un langage tout à fait trivial; d'ailleurs se contredisant à toute heure, malheureux jouet du dernier qui lui parle : Prusias est un vrai rôle de comédie, et qui fait rire, à la fin, dès qu'il ouvre la bouche. » Père, il est jaloux et méprisable; roi[1], il est tantôt méprisable, tantôt ridicule; mari[2], il est dupe et ridicule. Point si dupe et ridicule cependant qu'il ne semble d'abord et qu'on veut bien le croire! Car s'il est comique, il est aussi comédien et comédien consommé, lorsqu'il s'agit de perdre Nicomède. A vrai dire, c'est à lui-même plus qu'aux autres qu'il joue cette comédie. Il est, dit-on, au deuxième acte, la dupe d'**Araspe,** son capitaine des gardes, qui est loin d'être un confident banal. Mêlant à son cynisme beaucoup de souplesse, ce conseiller perfide et insinuant, qui n'est pas sans rapports avec le Photin de *Pompée* ou le Narcisse de *Britannicus,* n'est autre que l'agent d'Arsinoé et ne fait en vérité que préciser à l'esprit veule de son roi des pensées que celui-ci a déjà mûries lui-même.

En réalité, le caractère de Prusias est complexe et laisse subsister quelques doutes, beaucoup plus complexe que celui de sa femme Arsinoé qui nous est connu par les confidences toutes conventionnelles à **Cléone,** dont le rôle n'a d'autre utilité que de les écouter.

Arsinoé forme avec Prusias un duo de bassesse et de perfidie qui fait pendant au couple héroïque et généreux et en souligne par contraste la grandeur. Cette belle-mère tragique, à l'âme basse

---

1. « Il faudrait en finir une bonne fois avec l'absurde reproche que l'on adresse à Corneille de n'avoir pas donné à tous ses rois une majesté olympienne. Il les a soigneusement nuancés; il en a représenté de paternels, de durs, de grands, de pusillanimes, de gâteux; et c'est bien pourquoi il ne nous lasse pas, quoi qu'il en fasse paraître dans toutes ses pièces. Sainte-Beuve lui-même tombe dans ce contresens et trouve mauvais que le roi du *Cid* parle « comme un bailli », qu'il dise des choses « un peu trop paternes et débonnaires » (*Nouveaux Lundis*, VII). « Ce roi, d'une Espagne encore sauvage, n'est pas un Louis XIV; Prusias n'est pas un Titus, mais une bête méchante et rusée. Aux yeux de Corneille, les rois peuvent être indignes, seul le principe monarchique est sacré, tout comme aux yeux de l'Église le prêtre peut faillir sans compromettre la valeur des sacrements » (Schlumberger, *Plaisir à Corneille*, page 165); **2.** « Le couple Marcelle-Valens dans *Théodore*, celui d'Arsinoé-Prusias dans *Nicomède* ne rompent pas avec la tradition. Certes, le personnage de Prusias est plus poussé que celui de Géraste *(la Suivante)*, d'Aegée *(Médée)* ou même de Valens; mais la tendresse de ce roi, qui a épousé sur le tard une femme intrigante, relève encore de la comédie » (O. Nadal, *le Sentiment de l'amour dans l'œuvre de P. Corneille*, page 260).

et méchante, est le type même de la femme ambitieuse et sans scrupules. D'une perfidie souriante, d'une hypocrisie raffinée et doucereuse, qui confine au dilettantisme de l'hypocrisie, d'une habileté rare dans les intrigues domestiques, plus désarmée devant les grands événements ou feignant de l'être, elle est tout aussi odieuse que son mari, qu'elle domine, et n'a qu'une passion, celle du pouvoir. Elle veut la satisfaire en faisant accéder son fils au trône par la plus noire des intrigues. Mais, trop sûre d'elle-même, c'est son excessive confiance en la toute-puissance de son autorité conjugale et maternelle qui fera échouer ses projets. Malgré son machiavélisme, le rôle excite plus le mépris que la crainte, car Arsinoé est femme, et elle a ses faiblesses. Il n'y a pas chez elle cette grandeur dans le crime qui fait naître la terreur. On songerait parfois à la rapprocher de Cléopâtre. Nous trouvons chez les deux la même aisance dans l'hypocrisie, le même naturel dans le mensonge, la même ambition qui ne recule devant aucun crime. Mais l'héroïne de *Rodogune* est d'une scélératesse plus achevée, plus soutenue. La comédie qu'elle joue est encore plus odieuse. Arsinoé n'atteint pas à la monstruosité : elle se contente de laisser croire à son mari qu'il règne encore sur la Bithynie et sur son cœur, alors qu'elle accorde l'un pour gouverner l'autre, qu'elle estime ce fils glorieux qui la déteste alors qu'elle le lui rend bien, voulant le perdre mais n'osant pas le faire assassiner. Elle annonce à la fois Tartuffe et la Béline du *Malade imaginaire*. Du premier, elle a l'hypocrisie odieuse; de la seconde les roueries perfides qui lui font remplacer les arguments par les larmes. Prusias, de son côté, rappelle tour à tour le crédule Orgon et le larmoyant Argan, sans être toutefois si sottement crédule que ces derniers (voir acte IV, scène III, vers 1307-1310). La vérité est qu'il s'efforce de cacher une passion sénile, qu'Arsinoé se plaît à rallumer. Cette emprise d'Arsinoé sur Prusias ne saurait être plus pitoyable qu'à la dernière scène (vers 1815) lorsqu'il se rend non à Nicomède, le vainqueur, mais à sa femme : *Je me rends donc aussi, Madame* [...]. Faible victoire pour Arsinoé, mais qui la console dans son rôle de belle joueuse, qui doit déjà mûrir dans son esprit quelque sanglante revanche. Antithèse du héros généreux, elle ne saurait comprendre la générosité. Mais avec quelle présence d'esprit elle trouve l'argument qui lui permet de garder la tête haute! C'est Attale, c'est son fils qui répare le mal qu'elle a fait.

Le caractère d'**Attale** est l'un des plus attachants de la pièce. Corneille a mis un soin tout particulier à préparer sa lente évolution. A l'enfant gâté du début, élevé dans le culte de Rome, au prince si peu viril qui s'abrite sans cesse derrière l'autorité de son père (*Et si le roi le veut?* vers 145) ou celle de Flaminius, capricieux, candide et ingénu, docile instrument des intrigues maternelles, mais instrument inconscient, va succéder progressivement le jeune homme accommodant et foncièrement bon, qui nous laisse deviner une nature double. Il se laisse instruire peu à peu par l'expérience, qui lui dessille les yeux et réveille en lui une âme honnête et généreuse, que l'éducation s'était efforcé de pervertir ou tout au moins d'aveugler. Dès lors, il apparaît comme un caractère qui se cherche. Sa loyauté, son honnêteté foncières qui rejaillissent du sein de deux éducations mal soudées en ébranlent le frêle édifice (*Madame, je n'ai vu que des vertus à Rome*, vers 1116). Elles inquiètent Arsinoé, qui lui cache ses desseins (voir vers 287-292), rendant ainsi elle-même hommage à la vertu romaine. Au troisième acte, l'admiration pour Nicomède a gagné le cœur d'Attale. Assez intelligent pour comprendre les injures et le mépris de son aîné, il découvre et admire son courage et sa grandeur. Si Nicomède est sensible à sa grâce spirituelle, il la juge bien sévèrement (voir vers 1031-1033). Attale ne l'en admire pas moins et le défend auprès de sa mère avec indignation (acte III, scène VIII). Première et timide révolte du fils, premier degré de sa transformation. La fin de l'acte IV va apporter le choc décisif, la révélation soudaine qui illumine l'esprit d'Attale (*Rome ne m'aime pas : elle hait Nicomède*, vers 1456), qui cause son revirement et entraîne le dénouement. Ainsi, cette évolution est logique et naturelle autant que nécessaire : Attale noue et dénoue l'action; il contribue amplement à faire naître l'attente et à prolonger l'incertitude dramatique. Douter de sa conversion, la trouver équivoque, n'y voir qu'une vengeance de sa fierté déçue, comme on a pu le faire, serait douter du même coup de la valeur morale de la pièce. La discrétion qu'il met dans son acte généreux, les traits un peu fuyants et encore incertains par lesquels Corneille a dépeint cette figure délicate n'ont d'autre but que de laisser en pleine lumière jusqu'au dénouement le héros triomphant et généreux, la noble figure au relief plus franc de Nicomède.

« NICOMÈDE » DANS L'ŒUVRE DE CORNEILLE. GENRE DE LA PIÈCE

On ne saurait étudier *Nicomède* sans être amené à en souligner à chaque instant toute l'originalité, dont l'auteur lui-même était pleinement conscient : « Voici une pièce d'une constitution assez extraordinaire : aussi est-ce la vingt et unième que j'ai fait voir sur le théâtre; et, après y avoir fait réciter quarante mille vers, il est bien malaisé de trouver quelque chose de nouveau sans s'écarter un peu du grand chemin et se mettre au hasard de s'égarer [...]. Ce héros de ma façon sort un peu des règles de la tragédie [...]. » Les textes de Corneille qui le montrent toujours soucieux de se renouveler, de sortir des chemins battus et de « ménager sa liberté » à l'égard des règles et des anciens s'échelonnent tout au long de sa carrière dramatique. Qu'on lise, pour s'en convaincre, la Préface de *Clitandre* (1632), l'Avis au lecteur de *la Veuve* (1634), puis l'Avis au lecteur d'*Agésilas* (1666). Georges Couton remarque à juste titre que ce désir de quitter le chemin battu, l'aurait-il tracé lui-même, est une des clefs de son œuvre. La Bruyère n'admirait-il pas surtout chez Corneille, dans son trop célèbre parallèle, « l'extrême variété et le peu de rapport qui se trouve pour le dessein entre un si grand nombre de poèmes qu'il a composés ? » Cet effort de renouvellement devait surtout se faire sentir après la période d'apogée qui va du *Cid* au *Menteur,* à partir de *Rodogune* et jusqu'à *Pertharite,* dont l'échec retentissant écartera pour un long moment l'auteur du théâtre avant de le conduire vers un effort d'adaptation à la mode nouvelle. Cette période, qui va de 1644 à 1652, voit divers essais sortir de la plume de Corneille. *Nicomède* n'est pas le moindre, ni le moins aimé de l'auteur. « La représentation n'en a point déplu, écrit-il; et comme ce ne sont pas les moindres vers qui soient partis de ma main, j'ai sujet d'espérer que la lecture n'ôtera rien à cet ouvrage de la réputation qu'il s'est acquise jusqu'ici, et ne le fera point juger indigne de suivre ceux qui l'ont précédé. »

Dans un vaste tableau d'histoire, Corneille faisait vivre une nouvelle espèce de héros tragique. Il utilisait un nouveau ressort apparemment peu dramatique, l'admiration, et déplaçait sur un plan plus général le conflit habituel qui fait la tragédie cornélienne. « Mon principal but, écrit-il, a été de peindre la politique des Romains au dehors. » André Stegmann croit pouvoir écrire à ce sujet : « Si Corneille, dans la moitié de son œuvre, nous conte dix siècles d'histoire romaine, ce n'est pas Rome et la cité antique qui en sont l'âme et le but, mais les vicissitudes d'un empire exemplaire, saisi à sa naissance ou à sa décomposition, de dehors, d'Orient le plus souvent, et dans une perspective où le héros — Nicomède, Sertorius ou Polyeucte — flétrit ce réalisme romain si bassement machiavélique, ce faux colosse impavide si plein de lui-même, cette politique tyrannique qui feint de défendre la liberté, ce pharisaïsme pieux si étranger à la véritable spiritualité[1]. » En plaçant cette opposition idéologique dans un contexte humain, Corneille est parvenu, malgré une conception osée de la tragédie et des données particulières, à faire une œuvre équilibrée, vivante, riche, durable, digne des chefs-d'œuvre qui l'ont précédée.

Poète dramatique, Corneille se montre dans *Nicomède* égal à lui même. Il apparaît une nouvelle fois comme un précurseur et sera reconnu comme tel par le théâtre romantique et par son chef[2]. Historien, il s'égale aux plus grands. Qu'on relise le dernier paragraphe de l'Avis au lecteur. Montesquieu n'a pas mieux dit un siècle après, au chapitre VI des *Considérations,* qu'il serait bon de lire

---

1. André Stegmann : « Introduction au théâtre de Corneille », dans une publication des éditions d'art dirigée par Lucien Mazenod, *les Baroques : Pierre Corneille*, « *le Cid*, *Attila*, *Suréna* » (1957), pages 209-211 ; **2.** Voir dans les Jugements, page 164, l'extrait de la *Préface de* « *Cromwell* », de V. Hugo.

tout entier pour bien comprendre *Nicomède*[1]. Ce que Montesquieu érige en loi de la politique romaine, Corneille ne l'avait-il pas deviné par l'intuition du génie puisqu'il en avait fait le ressort de son drame? Déjà, Bossuet, dans son *Discours de l'histoire universelle* (IIIe partie, chapitre VI), n'était guère que l'écho de Corneille lorsqu'il montrait, trente ans plus tard, en 1681, les Romains « curieux surtout ou de diviser, ou de contrebalancer par quelque autre endroit les puissances qui devenaient trop redoutables, ou qui mettaient trop d'obstacles à leurs conquêtes », ou lorsqu'il confirmait après Corneille : « Ils mettaient sous le joug les rois et les nations, sous couleur de les protéger et de les défendre. » Comme ces historiens, Corneille ne nous peignait pas, dans *Nicomède,* un moment de l'histoire de Rome mais, historien lui-même, il évoquait à sa manière l'âme même de sa politique.

Ainsi, par son intérêt dramatique et historique, la pièce est une de celles qui ne devaient pas trop souffrir de la comparaison avec les chefs-d'œuvre antérieurs. Mais les détracteurs de Corneille se sont plu, par purisme étroit ou par inintelligence de l'œuvre, à dénoncer tout ce qui, dans la pièce, pouvait l'éloigner du ton et du genre de la tragédie classique. Il y a eu une querelle de critiques sur *Nicomède*, mais une querelle sans bruit et sans passion, pour savoir si l'œuvre méritait le titre de « tragédie ». Le problème semble dérisoire de nos jours. Qu'importe au spectateur qu'on nomme la pièce « tragi-comédie », pourvu qu'il y prenne du plaisir? C'est pour lui et non pour la critique que la pièce est écrite. Et l'on doit suivre le bon sens de Naudet lorsqu'il écrit : « Nommez *Nicomède* « tragi-comédie », si cela peut vous plaire, ou même « comédie héroïque », ainsi que Voltaire le proposait. On disait bien, du temps de M. de Dangeau, la comédie de *Mithridate.* Toujours est-il que le public et les connaisseurs applaudissent aujourd'hui en *Nicomède* une des plus belles œuvres dramatiques de la scène française; non point une œuvre indécise, mixte, hybride, comme Voltaire voudrait qu'on l'entendît. Si la poésie dramatique est la peinture au vif et au vrai des faiblesses comme des grandeurs, des intrigues de cour comme des conspirations populaires, si elle peut intéresser par une haute moralité en montrant, dans une fable appuyée sur les données de l'histoire et sur la connaissance du cœur humain, de quelle manière les passions personnelles influent sur les affaires publiques, et comment les discordes intestines d'un palais peuvent changer les destinées des États, *Nicomède* est un poème dramatique du genre le plus franc, le plus élevé, le plus digne d'attacher les esprits sérieux[2]. »

Ne confondons pas *Nicomède* avec *Don Sanche,* comme le fait Voltaire. Car cette comédie héroïque, si elle est « un poème d'une

---

1. Comparer en particulier avec *Nicomède*, II, III, vers 610 et 653; IV, V et VI;
2. Édition de *Nicomède* par Naudet, Dezobry, 1845.

espèce nouvelle », n'a guère que cette ressemblance avec *Nicomède*. Elle est mal construite, et n'est autre chose qu'un roman dramatique. Ne réclamons pas avec le même Voltaire quelque remaniement impossible : « Le caractère de Nicomède avec une intrigue terrible, telle que celle de *Rodogune*, eût été un chef-d'œuvre. » Certes, nous aurions eu ainsi une tragédie au sens plein du terme, mais une tragédie où Nicomède, avec une ironie dès lors discordante, n'aurait pu garder le caractère que Voltaire veut bien retenir; en tout cas, nous n'aurions certainement pas eu un chef-d'œuvre[1]. Quant au sévère d'Aubignac, lui-même, il citait *Nicomède* à côté d'*Horace*, de *Cinna*, de *Polyeucte*. Schlumberger, pour sa part, tout en concédant le titre de tragi-comédie, reconnaît l'existence dans la pièce d'un conflit vraiment tragique[2]. André Stegmann classe l'œuvre comme tragédie du « héros » avec *Horace*, *Cinna* et *Suréna*, et non dans les tragédies politiques[3]. Devant une telle divergence, ne retenons qu'une seule référence, celle de l'auteur.

Nicomède est une tragédie. Au milieu des échecs et des rivalités qui attristeront sa vieillesse, Corneille aimera à se rappeler cette tragédie, qui était « une de celles pour qui [il avait] le plus d'amitié » et qu'il essaiera de refaire à la mode nouvelle en écrivant *Suréna*. Deux façons de traiter un même thème qui en disent long sur l'auteur. « Si l'on a pu dire, écrit Schlumberger, que, de toutes ses pièces, *Nicomède* était à proprement parler la plus cornélienne, celle qui traduisait le plus spontanément son humeur et son goût, il faut y joindre *Suréna*, écho moins sonore, mais plus subtil et peut-être plus émouvant d'une âme singulièrement fidèle à elle-même. » *Nicomède* venait après les triomphes, *Suréna* suivait les échecs. *Nicomède* ou la sécurité du génie, pourrait-on dire, car l'auteur, célébré et en pleine possession de ses moyens d'écrivain, était si sûr de lui, et ses succès lui donnaient une telle assurance qu'il y avait dans son âme quelque chose du héros qu'il venait de créer. Il lui manquait peut-être sa jeunesse[4] pour faire front à l'échec cuisant de la pièce qui suivit.

---

1. L'épreuve que réclame Voltaire a été faite avant *Nicomède* dans le *Cosroès* de Rotrou (1649). En voir l'analyse dans les Documents, page 153; 2. Voir les Jugements, page 167; 3. André Stegmann : ouvrage cité plus haut; 4. Lire l'Avis au lecteur de *Pertharite*, qui constitue un assez morose testament théâtral : « La mauvaise réception que le public a faite à cet ouvrage m'avertit qu'il est temps que je donne la retraite. [...] Il vaut mieux que je prenne congé de moi-même que d'attendre qu'on me le donne tout à fait; et il est juste qu'après vingt années de travail je commence à m'apercevoir que je deviens trop vieux pour être encore à la mode. » Corneille n'avait que quarante-six ans; mais on avait alors une autre conception de la vieillesse qu'aujourd'hui : l'Arnolphe de *l'Ecole des femmes* n'était-il pas jugé « vieux » à quarante-deux ans?

LEXIQUE
DE LA LANGUE DE CORNEILLE

pour la tragédie de *Nicomède*.

Ce lexique, réduit à l'essentiel, ne comporte que les mots clés de la tragédie, qui, soit par leur fréquence, soit par leur caractère expressif, constituent les thèmes de la pièce. La connaissance en est indispensable pour bien la comprendre.

Ces mots sont suivis d'un astérisque dans le texte. Il serait bon toutefois, avant d'aborder la lecture, de se familiariser avec ce vocabulaire spécial, que ce soit celui de la langue tragique au XVIIe siècle ou celui en général de la langue d'une époque et d'une société bien particulières, que ce soit surtout ces mots clés du vocabulaire cornélien, auxquels Octave Nadal a consacré la thèse secondaire que nous citons dans la bibliographie. On verra également avec profit les notices des autres pièces de Corneille dans les « Nouveaux Classiques Larousse », notamment la note sur le mot* gloire *dans* Attila.

Courage n. m. (est employé concurremment avec le mot cœur, dont il dérive) : Cœur, bravoure, vaillance (vers 229, 659, 790, 796, 819, 834, 915, 1400, 1592).

Déplaisir n. m. (sens très fort) : Souffrance morale violente, désespoir (vers 866, 1052, 1396).

Devoir n. m. : « Ce à quoi est obligé ou s'oblige le personnage cornélien. Il s'agit dans la plupart des cas de l'obligation de l'honneur ou de la gloire. Le devoir du cornélien ne remonte pas à la source des principes moraux, bien et mal, ou religieux, grâce et péché. Dans ce théâtre, le devoir ne consiste pas en définitive à être juste, bon, honnête, mais à satisfaire la gloire, principe même de l'obligation ou du devoir. » (Octave Nadal) [vers 1245, 1537, 1789].

Effet n. m. : Acte, réalisation, exécution (vers 259, 416, 595, 641, 906, 958, 1569). Au vers 416, *en effet :* dans la réalité.

Ennui n. m. : Vive affliction, tourment, désespoir. *Ennuyeux,* au vers 394, a donc un sens beaucoup plus fort qu'aujourd'hui : odieux, insupportable.

Estime n. f. : « L'estime naît de la considération des mérites; elle en est le sentiment, ce prix même qu'on y attache » (Octave Nadal). L'estime d'une personne (et il faut entendre le plus souvent des mérites qui l'honorent et la font glorieuse) accompagne toujours l'amour véritable. C'est le renom, la réputation que l'on aime attacher à la personne estimée. (Vers 476, 541, 755-756, 863, 1100, 1776, 1847.)

Fourbe n. f. : fourberie (vers 291, 1068, 1235, 1255).

Fureur n. f. : folie furieuse, égarement d'esprit, ardeur violente et passionnée (vers 68, 1176, 1179, 1340, 1568, 1576, 1681, 1720, 1730, 1733, 1768).

Générosité n. f. (*généreux* adj.) [a *rarement* chez Corneille le sens actuel de « libéralité »] : Noblesse naturelle qui fait passer la gloire, l'honneur et la grandeur d'âme avant tout autre sentiment (vers 550, 673-674, 960, 1090-1091, 1110-1113, 1664, 1721-1722, 1743-1744, 1839, 1850).

Nous trouvons chez La Rochefoucauld cette définition de la générosité : « La générosité est un désir de briller par des actions extraordinaires; c'est un habile et industrieux emploi du désintéressement, de la fermeté en amitié et de la magnanimité, pour aller plus tôt à un plus grand intérêt. »

En 1649 Descartes définissait ainsi la générosité dans son *Traité des passions de l'âme* (IIIe partie, art. 153) :

« Ainsi je crois que la vraie générosité, qui fait qu'un homme s'estime au plus haut point qu'il se peut légitimement estimer, consiste seulement partie en ce qu'il connaît qu'il n'y a rien qui véritablement lui appartienne que cette libre disposition de ses volontés, ni pourquoi il doit être loué ou blâmé sinon pour ce qu'il en use bien ou mal, et partie en ce qu'il sent en soi-même une ferme et constante résolution d'en bien user, c'est-à-dire de ne manquer jamais de volonté pour entreprendre et exécuter toutes les choses qu'il jugera être les meilleures; ce qui est suivre parfaitement la vertu... Ceux qui sont généreux en cette façon sont naturellement portés à faire de grandes choses et toutefois à ne rien entreprendre dont ils ne se sentent capables; et pour ce qu'ils n'estiment rien de plus grand que de faire du bien aux autres hommes, et de mépriser son propre intérêt, pour ce sujet, ils sont toujours parfaitement courtois, affables et officieux avec un chacun. Et avec cela ils sont entièrement maîtres de leurs passions, particulièrement des désirs, de la jalousie et de l'envie, à cause qu'il n'y a aucune chose dont l'acquisition ne dépende pas d'eux, qu'ils pensent valoir assez pour mériter d'être beaucoup souhaitée; et de la haine envers les hommes, à cause qu'ils les estiment tous; et de la peur, à cause que la confiance qu'ils ont en leur vertu les rassure; et, enfin de la colère, à cause que n'estimant que fort peu toutes les choses qui dépendent d'autrui, jamais ils ne donnent tant d'avantage à leurs ennemis que d'en reconnaître qu'ils en sont offensés. »

Les *Généreux* sont ceux qui, étant de souche noble, possèdent la vertu de générosité. *Généreux* s'oppose souvent, chez Corneille, à *infâme* (« qui a perdu l'honneur »). [Voir *le Cid*, vers 890; *Cinna*, vers 1409-1412; *le Menteur*, vers 1492 et 1499.]

Dans sa thèse complémentaire *(De quelques mots du vocabulaire cornélien et d'une éthique de la gloire)*, Octave Nadal s'oppose à Lanson, qui rapproche, dans un article célèbre (*Revue d'histoire littéraire*, 1894), la générosité cornélienne de la générosité cartésienne et, de façon plus générale, la théorie des passions chez Corneille de la théorie des passions chez Descartes. (Le problème a été également envisagé par Paul Bénichou dans *Morales du Grand Siècle*, page 25.) Descartes donne à la générosité une fin morale (et Nicomède serait l'expression dramatique de l'idéal moral cartésien). Corneille, selon Octave Nadal, lui donne une fin glorieuse.

Gloire n. f. : Considération, réputation, sentiment de fierté, haute idée que le héros se fait de lui-même ou de « ce qu'il se doit » (vers 5, 45-46, 457, 471, 552, 579, 678, 692, 1056, 1080, 1091, 1111, 1136, 1147, 1165, 1177, 1220, 1291, 1451, 1642, 1766, 1808, 1816).

Octave Nadal a consacré à ce mot une étude magistrale : « Le sentiment de la gloire, du moins dans son mouvement le plus beau, ressemble plus à une exigence intime qu'à ce qu'on doit aux règles de l'honneur, toujours un peu extérieures et de société. La gloire cornélienne est la loi suprême d'un *modus vivendi* personnel (« La gloire de répondre à ce que je me doi », *Attila*, II, VI, vers 684). Inviolable et inaliénable, elle est la part réservée de l'être noble. Ce sentiment de fierté que le cornélien a de lui-même peut être tiré de la considération ou de la célébrité plus ou moins grande et honorable que donne la fortune, ou les actions de l'homme. On rencontre très souvent, de *Mélite* à *Suréna*, cette gloire-réputation. Il y a la gloire militaire et même la gloire de la favorite que le sultan « daigne honorer de son lit ». Quand le mot *gloire* marque la plus haute valeur, il est presque toujours précédé de l'adjectif possessif qui en souligne l'idée particulière.

Passions, sentiments, devoirs, vertus sont tournés vers la gloire; les conflits qui peuvent naître entre eux, seule la gloire les résout. »

A noter que la gloire peut être un critère de l'amour, mais que l'amour ne se fonde pas sur la gloire. On risquerait de faire des héros cornéliens des arrivistes de l'amour.

Descartes définira ainsi la gloire dans son *Traité des passions de l'âme* (IIIe partie, art. 204) :

« Ce que j'appelle ici du nom de gloire est une espèce de joie fondée sur l'amour qu'on a pour soi-même, et qui vient de l'opinion ou de l'espérance qu'on a d'être loué par quelques autres. Ainsi elle est différente de la satisfaction intérieure qui vient de l'opinion qu'on a d'avoir fait quelque bonne action; car on est quelquefois loué pour des choses qu'on ne croit point être bonnes, et blâmé pour celles qu'on croit être meilleures : mais elles sont l'une et l'autre des espèces de l'estime qu'on fait de soi-même, aussi bien que des espèces de joie; car c'est un sujet pour s'estimer que de voir qu'on est estimé par les autres. »

Grandeur n. f. : Prestige lié à la puissance ou à la valeur (vers 147, 200, 322, 575, 591, 671, 742, 819, 834, 1208, 1433, 1518). — **Grand** (vers 4, 23, 89, 192, 320, 381, 388, 417, 438, 583, 592, 593, 595, 597, 644, 771, 911, 919, 925, 933, 934, 935, 1067, 1080, 1107, 1159, 1245, 1293, 1323, 1400, 1416, 1471, 1513, 1529, 1555, 1692, 1771, 1816). *Ces deux termes, employés en certains cas plusieurs fois dans le même vers, sont parmi les plus caractéristiques de cette pièce; chaque personnage est soucieux de sa propre* grandeur *et reproche aux autres de manquer de dignité; d'où l'emploi ironique du mot, surtout chez Nicomède.*

Hasard n. m. : Danger, risque, péril (vers 461, 1231, 1449, 1677).

Haut adj. et adv. : Qui a de l'élévation morale, de la fierté (vers 1, 91, 148, 175, 367, 380, 405, 503, 552, 990, 1018, 1244, 1387, 1521, 1535, 1830). — **Hautement** adv. (vers 746, 1109, 1319). *Ces deux termes complètent le thème de la* grandeur.

Mérite n. m. : Appas, c'est-à-dire ensemble des attraits physiques, intellectuels et moraux (vers 417, 458, 547, 642-643, 1112). Ce mot est également employé avec le sens actuel : valeur qui rend digne d'estime, de considération.

Nourrir v. t. : Elever, instruire (vers 49, 154, 533). — **Nourriture** n. f. : Education, instruction (vers 539); celui qui est élevé, élève, enfant (vers 571).

Objet n. m. : Objet d'amour, personne aimée. Se dit de préférence de la femme aimée, rarement de l'homme (vers 232, 894, 1584). Emploi différent au vers 313 : *objet de vengeance*.

Ombrage n. m. : Méfiance, inquiétude (vers 660, 988, 1514, 1523).

Rompre v. t. : Prévenir, empêcher, faire avorter une entreprise, la faire échouer; parer (terme d'escrime) [vers 25, 77, 179, 280, 814, 996]. Au vers 179, sens actuel de *briser*.

Vertu n. f. : Energie morale, courage, avec un sens voisin de l'étymologie : *virtus* (vers 39, 289, 367, 400, 405, 412, 441, 535, 596, 640, 644, 656, 666, 807, 816, 819-820, 866, 1017, 1026, 1048, 1087, 1099, 1116, 1118, 1134, 1167, 1811, 1830). En dehors de quelques qualités particulières comme celle de prudence (voir vers 820), la vertu est pour Corneille la « grandeur du courage » (voir vers 819-820, ainsi que Avis au lecteur, page 38, et Examen, page 150), la ferme disposition et résolution de l'âme à rester maîtresse d'elle-même. Le contraire d'une telle vertu, selon Corneille (voir Examen), est la pusillanimité.

AU LECTEUR[1]

Voici une pièce d'une constitution assez extraordinaire : aussi est-ce la vingt et unième que j'ai fait voir sur le théâtre; et, après y avoir fait réciter quarante mille vers, il est bien malaisé de trouver quelque chose de nouveau sans s'écarter un peu du grand chemin et se mettre au hasard de s'égarer. La tendresse et les passions, qui doivent être l'âme des tragédies, n'ont aucune part en celle-ci : la grandeur de courage y règne seule et regarde son malheur d'un œil si dédaigneux qu'il n'en[2] saurait arracher une plainte. Elle y est combattue par la politique et n'oppose à ses artifices qu'une prudence généreuse*, qui marche à visage découvert, qui prévoit le péril sans s'émouvoir et ne veut point d'autre appui que celui de sa vertu* et de l'amour qu'elle imprime dans les cœurs de tous les peuples. L'histoire qui m'a prêté de quoi la faire paraître en ce haut degré est tirée de Justin; et voici comme il la raconte à la fin de son trente-quatrième livre[3].

« En même temps, Prusias, roi de Bithynie, prit dessein de faire assassiner son fils Nicomède, pour avancer[4] ses autres fils, qu'il avait eus d'une autre femme, ct qu'il faisait élever à Rome; mais ce dessein fut découvert à ce jeune prince par ceux mêmes qui l'avaient entrepris; ils firent plus, ils l'exhortèrent à rendre la pareille à un père si cruel et faire retomber sur sa tête les embûches qu'il lui avait préparées, et n'eurent pas grande peine à le persuader. Sitôt donc qu'il fut entré dans le royaume de son père, qui l'avait appelé auprès de lui, il fut proclamé roi; et Prusias, chassé du trône, et délaissé même de ses domestiques, quelque soin qu'il prît à se cacher, fut enfin tué par ce fils et perdit la vie par un crime aussi grand que celui qu'il avait commis en donnant les ordres de l'assassiner[5]. »

J'ai ôté de ma scène l'horreur d'une catastrophe si barbare et n'ai donné ni au père ni au fils aucun dessein de parricide. J'ai fait ce dernier amoureux de Laodice, afin que l'union d'une couronne voisine donnât plus d'ombrage aux Romains et leur fît prendre plus

1. Cet Avis au lecteur figure en tête de l'édition originale. A partir de *Nicomède*, Corneille se dispense de toute dédicace; 2. *Il :* son malheur; *en :* du grand courage; 3. Livre XXXIV, chapitre IV des *Historiae philippicae* de Justin, historien latin du IIe siècle apr. J.-C.; 4. *Avancer :* faire la fortune de; 5. Voir aussi le texte de Diodore de Sicile dans les Documents, page 153.

de soin d'y mettre un obstacle de leur part[1]. J'ai approché[2] de cette histoire celle de la mort d'Annibal, qui arriva un peu auparavant chez ce même roi, et dont le nom n'est pas un petit ornement à mon ouvrage. J'en ai fait Nicomède disciple, pour lui prêter plus de valeur et plus de fierté contre les Romains; et prenant l'occasion de l'ambassade où Flaminius fut envoyé par eux vers ce roi, leur allié, pour demander qu'on remît entre leurs mains ce vieil ennemi de leur grandeur, je l'ai chargé d'une commission secrète de traverser[3] ce mariage, qui leur devait donner de la jalousie. J'ai fait que, pour gagner l'esprit de la reine, qui, suivant l'ordinaire des secondes femmes, avait tout pouvoir sur celui de son vieux mari, il lui ramène un de ses fils, que mon auteur m'apprend avoir été nourris à Rome. Cela fait deux effets; car, d'un côté, il obtient la perte d'Annibal par le moyen de cette mère ambitieuse; et, de l'autre, il oppose à Nicomède un rival appuyé de toute la faveur des Romains, jaloux de sa gloire et de sa grandeur naissante.

Les assassins qui découvrirent à ce prince les sanglants desseins de son père m'ont donné jour à d'autres artifices pour le faire tomber dans les embûches que sa belle-mère lui avait préparées; et pour la fin, je l'ai réduite en sorte que tous les personnages y agissent avec générosité* et que les uns rendant ce qu'ils doivent à la vertu, et les autres demeurant dans la fermeté de leur devoir, laissent un exemple assez illustre, et une conclusion assez agréable[4].

La représentation n'en a point déplu; et comme ce ne sont pas les moindres vers qui soient partis de ma main, j'ai sujet d'espérer que la lecture n'ôtera rien à cet ouvrage de la réputation qu'il s'est acquise jusqu'ici, et ne le fera point juger indigne de suivre ceux qui l'ont précédé. Mon principal but a été de peindre la politique des Romains au dehors, et comme ils agissaient impérieusement avec les rois leurs alliés, leurs maximes pour les empêcher de s'accroître, et les soins qu'ils prenaient de traverser leur grandeur, quand elle commençait à leur devenir suspecte à force de s'augmenter et de se rendre considérable par de nouvelles conquêtes. C'est le caractère que j'ai donné à leur république en la personne de son ambassadeur Flaminius, qui rencontre un prince intrépide qui voit sa perte assurée sans s'ébranler et brave l'orgueilleuse masse de leur puissance, lors même qu'il en est accablé. Ce héros de ma façon sort un peu

---

1. C'est ce qu'explique Arsinoé dans la scène v de l'acte premier; **2.** *J'ai approché :* j'ai rapproché; **3.** *Traverser :* se mettre à la traverse de, faire obstacle à (voir aussi ligne 62); **4.** Corneille ne songeait pas à dissimuler les libertés qu'il avait prises avec l'histoire. Il écrit par ailleurs *(Discours de la tragédie)* : « Il m'était beaucoup moins permis dans *Horace* et dans *Pompée*, dont les victoires ne sont ignorées de personne, que dans *Rodogune* et dans *Nicomède*, dont peu de gens savaient les noms avant que je les eusse mis sur le théâtre. La seule mesure qu'on y peut prendre, c'est que tout ce qu'on y ajoute à l'histoire et tous les changements qu'on y apporte ne soient jamais plus incroyables que ce qu'on en conserve dans le même poème [...]. J'ai beaucoup osé dans *Nicomède*. »

des règles de la tragédie, en ce qu'il ne cherche point à faire pitié par l'excès de ses malheurs; mais le succès a montré que la fermeté des grands cœurs, qui n'excite que de l'admiration dans l'âme du spectateur, est quelquefois aussi agréable que la compassion que notre art nous commande de mendier pour leurs misères. Il est bon de hasarder un peu, et ne s'attacher pas toujours si servilement à ses préceptes[1], ne fût-ce que pour pratiquer celui de notre Horace :

Et mihi res, non me rebus, submittere conor[2],

mais il faut que l'événement[3] justifie cette hardiesse; et dans une liberté de cette nature on demeure coupable, à moins que d'être fort heureux.

---

1. Aux préceptes de « notre art », tels que les Anciens les ont formulés; **2.** « Et je m'efforce de soumettre les choses à moi-même, non pas moi-même aux choses » (Horace, *Epîtres*, I, I, 19). Corneille cite de mémoire : le poète latin a écrit *subjungere* et non *submittere ;* **3.** *Evénement :* résultat, issue de l'entreprise.

QUESTIONS

■ SUR L'ENSEMBLE DE L'AVIS AU LECTEUR. — Composition de cet Avis : Quel en est le thème principal? Corneille l'aborde-t-il pour la première fois?

— L'originalité de *Nicomède* dans le théâtre de Corneille et dans le théâtre tragique du XVIIe siècle. Quels principes ont guidé l'auteur dans le choix de ce sujet?

— Relevez les modifications apportées par Corneille à ses sources; justifiez-les. Pourquoi le poète a-t-il inventé le personnage de Laodice? Quelle importance est accordée à l'amour? — Comment l'unité dramatique et la grandeur héroïque de *Nicomède* se trouvent-elles renforcées dans la tragédie par rapport à l'histoire? Portons-nous le même intérêt que Corneille à la peinture de la politique extérieure romaine?

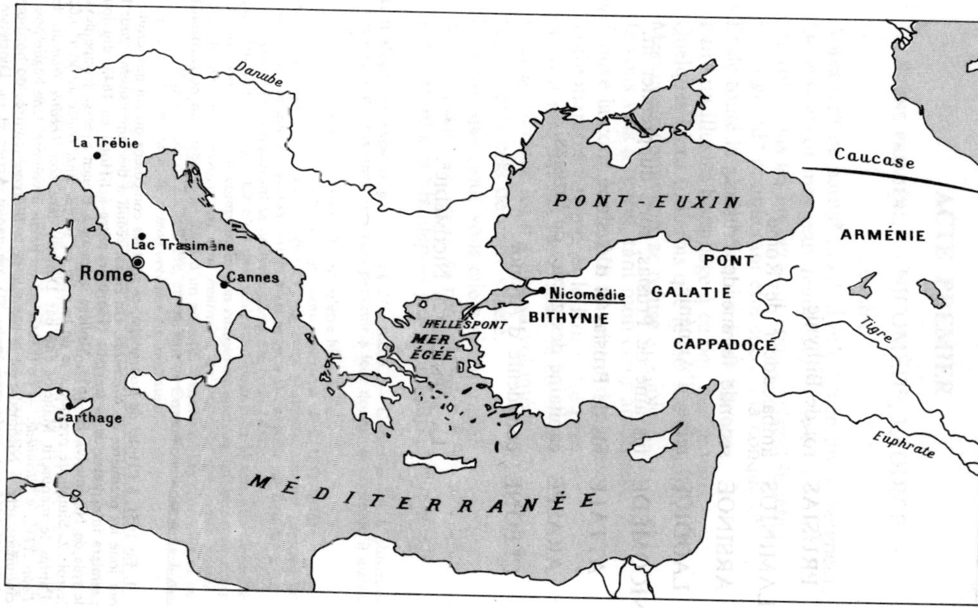
Danube
La Trébie
Lac Trasimène
Rome
Cannes
Carthage
PONT-EUXIN
Caucase
ARMÉNIE
PONT
GALATIE
Nicomédie
BITHYNIE
CAPPADOCE
HELLESPONT
MER ÉGÉE
Tigre
Euphrate
MÉDITERRANÉE

NICOMÈDE

Je le sais, ma princesse[1], et qu'il vous fait la cour;
Je sais que les Romains, qui l'avaient en otage,
L'ont enfin renvoyé pour un plus digne ouvrage;
Que ce don à sa mère était le prix fatal
Dont[2] leur Flaminius marchandait Annibal;
Que le Roi par son ordre eût livré ce grand* homme,
S'il n'eût par le poison lui-même évité Rome,
Et rompu* par sa mort les spectacles pompeux[3]
Où[4] l'effroi de son nom le destinait chez eux.
Par mon dernier combat je voyais réunie
La Cappadoce entière[5] avec la Bithynie,
Lorsqu'à cette nouvelle, enflammé de courroux
D'avoir perdu mon maître et de craindre pour vous,
J'ai laissé mon armée aux mains de Théagène[6],
Pour voler en ces lieux au secours de ma reine.
Vous en aviez besoin, Madame, et je le voi[7],
Puisque Flaminius obsède encor le Roi.
Si de son arrivée Annibal fut la cause,
Lui mort, ce long séjour prétend[8] quelque autre chose;
Et je ne vois que vous qui le puisse[9] arrêter,
Pour aider[10] à mon frère à vous persécuter.

---

1. Cette appellation galante est fréquente dans la tragédie du XVIIe siècle (rapprochez de *ma reine*, vers 32); **2.** *Dont :* auquel. Construction qui n'est plus correcte aujourd'hui; **3.** Il faut comprendre : « Et devancé par sa mort la honte d'être traîné à Rome pour y servir de spectacle » Annibal a échappé par le poison à l'humiliation de figurer dans le cortège du triomphateur; **4.** *Où :* auxquels (voir les vers 274, 323, 853, 1006, 1111, 1438); **5.** Conquise, en fait, après la mort de Prusias; **6.** *Théagène :* nom imaginé pour la rime. Il ne sera plus question de lui; **7.** Orthographe étymologique autorisée seulement pour les nécessités de la rime; **8.** *Prétendre :* pris transitivement dans le sens de « avoir pour objet, aspirer à »; **9.** Cet accord de *puisse* non avec *vous qui*, mais avec l'idée logique *je ne vois que vous qui soyez ce qui le puisse*, est admis au XVIIe siècle. L'accord, de nos jours, serait de règle : qui le puissiez; **10.** *Aider à.* Cet emploi intransitif était usuel à l'époque; il est devenu incorrect.

QUESTIONS

● VERS 11-38. « Dès le commencement de la scène, ces deux personnages mis en présence, l'un arrivant de l'armée et l'autre étant resté dans le palais, expliquent d'une manière vraisemblable toutes les circonstances de l'avant-scène, sans entrer dans aucun récit superflu pour eux-mêmes, et qui soit fait seulement en vue du spectateur. Si cette combinaison n'a pas servi d'exemple à Racine, elle est du moins parallèle à l'exposition de *Bajazet* » (Naudet). Après avoir montré le caractère dramatique des révélations que se font les deux amants, précisez le rapprochement que fait Naudet avec l'exposition de *Bajazet*. Comment la vraisemblance est-elle sauvegardée?

LAODICE

Je ne veux point douter que sa vertu* romaine
N'embrasse avec chaleur l'intérêt de la reine :
Annibal, qu'elle vient de lui sacrifier,
L'engage en sa querelle, et m'en fait défier[1].
Mais, Seigneur, jusqu'ici j'aurais tort de m'en plaindre;
Et quoi qu'il entreprenne, avez-vous lieu de craindre?
Ma gloire* et mon amour peuvent bien peu sur moi,
S'il faut votre présence à soutenir[2] ma foi,
Et si je puis tomber en cette frénésie[3]
De préférer Attale au vainqueur de l'Asie :
Attale, qu'en otage ont nourri* les Romains,
Ou plutôt qu'en esclave ont façonné leurs mains,
Sans lui rien mettre au cœur qu'une crainte servile
Qui tremble à voir une aigle et respecte un édile[4]!

NICOMÈDE

Plutôt, plutôt la mort, que mon esprit jaloux
Forme des sentiments si peu dignes de vous.
Je crains la violence, et non votre faiblesse;
Et si Rome une fois contre nous s'intéresse[5]...

LAODICE

Je suis reine, Seigneur; et Rome a beau tonner,
Elle ni votre roi n'ont rien à m'ordonner :
Si de mes jeunes ans il est dépositaire,
C'est pour exécuter les ordres de mon père;
Il[6] m'a donnée à vous, et nul autre que moi
N'a droit de l'en dédire, et[7] me choisir un roi.
Par son ordre et le mien, la reine d'Arménie
Est due à l'héritier du roi de Bithynie,
Et ne prendra jamais un cœur assez abjet[8]
Pour se laisser réduire à l'hymen d'un sujet.
Mettez-vous en repos.

---

1. C'est-à-dire : « Engage Flaminius en la querelle d'Arsinoé et me fait me défier de lui, Flaminius. » Le XVIIe siècle supprime souvent le pronom réfléchi devant l'infinitif après des verbes comme *faire*, *laisser*, *voir*, etc. L'usage actuel interdit l'emploi de *en* pour désigner une personne; **2.** Pour soutenir; **3.** *Frénésie :* au propre, c'est l'emportement furieux; au figuré, comme ici, c'est toute espèce de folie; **4.** L'*aigle* était le symbole de l'État romain; les *édiles* étaient des magistrats romains, ayant une fonction de conseillers municipaux et s'occupant de police, d'hygiène, d'approvisionnement et des jeux publics, en particulier; **5.** *S'intéresser :* prendre parti; **6.** Le père de Laodice et non Prusias; **7.** La préposition *de* précédant plusieurs infinitifs coordonnés n'est souvent exprimée, au XVIIe siècle, que devant le premier; **8.** *Abjet :* orthographe conforme à la prononciation du temps.

NICOMÈDE

Et le puis-je, Madame,
Vous voyant exposée aux fureurs* d'une femme,
Qui, pouvant tout ici, se croira tout permis
Pour se mettre en état de voir régner son fils[1]?
Il n'est rien de si saint qu'elle ne fasse enfreindre.
Qui livrait Annibal pourra bien vous contraindre,
Et saura vous garder même fidélité[2]
Qu'elle a gardée aux droits de l'hospitalité[3].

LAODICE

Mais ceux de la nature ont-ils un privilège
Qui vous assure d'elle après ce sacrilège?
Seigneur, votre retour, loin de rompre* ses coups[4],
Vous expose vous-même, et m'expose après vous.
Comme il est fait sans ordre, il passera pour crime;
Et vous serez bientôt la première victime
Que la mère et le fils, ne pouvant m'ébranler,
Pour m'ôter mon appui se voudront immoler.
Si j'ai besoin de vous de peur qu'on[5] me contraigne,
J'ai besoin que le Roi, qu'elle-même vous craigne.
Retournez à l'armée, et pour me protéger
Montrez cent mille bras tous prêts à me venger.

---

1. *Var. :* Au moindre jour ouvert de voir régner son fils (1651-1656); **2.** *Var.* (vers 73-74) :

Et n'aura pour vous plus de fidélité
Que de respect aux droits de l'hospitalité (1651-1656);

3. L'*hospitalité* avait un caractère sacré dans l'Antiquité. En Grèce, l'étranger, quoique considéré *a priori* comme ennemi, était accueilli avec bienveillance et tenu pour protégé par Zeus. Les peuples d'Orient, en général, furent très attachés à l'hospitalité; **4.** *Rompre le coup :* le prévenir (métaphore empruntée à la langue de l'escrime). Voir le vers 25; **5.** L'emploi de *ne* dit « explétif » après *de peur que* et d'autres expressions de même sens n'était pas, au XVIIe siècle, aussi répandu que de nos jours; il n'est d'ailleurs pas obligatoire.

QUESTIONS

● VERS 39-67. Dans le système dramatique habituel de Corneille, les amants se séparent pour se réunir après des épreuves diverses. Cela se produira-t-il ici? Montrez que, dès le début de la pièce, Nicomède et Laodice sont sûrs l'un de l'autre et que rien ne les sépare ni ne peut les séparer. D'où viendra, par conséquent, le péril et, par suite, l'intérêt? Qu'est-ce qui remplacera le conflit habituel du devoir et de la passion? Quelle sera l'importance de ces données pour l'atmosphère et le ton de la pièce? — Quelle est la situation de Laodice à la cour de Bithynie? Quels sont ses sentiments à l'égard de Rome? — Laodice ne parle-t-elle pas en vraie reine cornélienne, qui met « sa gloire » à ne pas déroger (voir vers 63-66)?

Parlez la force en main, et hors de leur atteinte :
S'ils vous tiennent ici, tout est pour eux sans crainte;
Et ne vous flattez point ni sur[1] votre grand* cœur,
Ni sur l'éclat d'un nom cent et cent fois vainqueur;
Quelque haute* valeur que puisse être la vôtre,
Vous n'avez en ces lieux que deux bras comme un autre;
Et fussiez-vous du monde et l'amour et l'effroi,
Quiconque entre au palais porte sa tête au Roi.
Je vous le dis encor, retournez à l'armée;
Ne montrez à la cour que votre renommée;
Assurez votre sort pour assurer le mien;
Faites que l'on vous craigne, et je ne craindrai rien.

NICOMÈDE

Retourner à l'armée! Ah! sachez que la Reine
La sème d'assassins achetés par sa haine.
Deux s'y sont découverts, que j'amène avec moi
Afin de la convaincre et[2] détromper le Roi.
Quoiqu'il soit son époux, il est encor mon père;
Et quand il forcera la nature à se taire,
Trois sceptres à son trône attachés par mon bras
Parleront au lieu d'elle, et ne se tairont pas.
Que si notre fortune[3] à ma perte animée
La prépare à la cour aussi bien qu'à l'armée,
Dans ce péril égal qui me suit en tous lieux
M'envierez[4]-vous l'honneur de mourir à vos yeux?

LAODICE

Non, je ne vous dis plus désormais que je tremble,
Mais que, s'il faut périr, nous périrons ensemble.
Armons-nous de courage, et nous ferons trembler
Ceux dont les lâchetés pensent nous accabler.
Le peuple ici vous aime et hait ces cœurs infâmes;

---

1. *Ne vous flattez point sur :* ne comptez point, par une illusion orgueilleuse, sur...; 2. Voir vers 62 et la note; 3. *Fortune :* destin; 4. *Envier :* refuser, priver de.

QUESTIONS

● Vers 67-98. Le danger d'Arsinoé. Comment se traduit la lucidité ferme et résolue de Laodice? Montrez que celle-ci a tôt fait de passer des craintes amoureuses du début (vers 9-10) aux décisions courageuses (vers 95-98 et 111-114). — Que révèle le vers 92 sur le caractère de Laodice? Cette franchise réaliste ne montre-t-elle pas que son admiration pour Nicomède n'est pas de l'aveuglement?

Et c'est être bien fort que régner sur tant d'âmes.
Mais votre frère Attale adresse ici ses pas[1].

NICOMÈDE

Il ne m'a jamais vu : ne me découvrez pas.

---

1. Dirige ses pas (style noble).

QUESTIONS

● VERS 99-116. Nicomède n'a-t-il pas des motifs d'être moins sûr que Laodice? L'aveu du danger qui le guette également à l'armée va-t-il démoraliser la jeune reine? L'héroïsme de Nicomède (vers 109-110) ne se teinte-t-il pas de préciosité romanesque? — Le beau sang-froid avec lequel Laodice envisage la mort vous paraît-il outré et peu émouvant, comme on l'a prétendu? Laodice a-t-elle toujours parlé sur ce ton? Ne croyez-vous pas que c'est peu à peu qu'elle s'est laissé gagner par cette contagion de l'héroïsme de Nicomède?

● VERS 117-118. La curiosité maligne de Nicomède est-elle indigne de lui? Quelles révélations (sur le plan amoureux comme au point de vue politique) Nicomède attend-il de son stratagème? En quoi la révélation et l'opposition de ces deux caractères peuvent-elles susciter la curiosité du spectateur?

■ SUR L'ENSEMBLE DE LA SCÈNE PREMIÈRE. — Étudiez l'exposition de la tragédie : comment ce dialogue entre Nicomède et Laodice pose-t-il les données de l'intrigue et nous révèle-t-il l'essentiel du caractère des personnages? Les qualités de cette exposition : rapidité, naturel, vraisemblance, précision, naissance de l'inquiétude.

— Partagez-vous l'opinion de Naudet lorsqu'il écrit : « On doit remarquer, à la fin de cette scène, qu'elle suffit à donner au spectateur tous les éclaircissements nécessaires sur les circonstances où sont placés les personnages les uns à l'égard des autres, et pour lui inspirer une curiosité inquiète. Tous les périls environnent et menacent les deux amants, et leur fier courage nous attache à leur fortune »?

— Comment vous apparaît l'amour de Nicomède et de Laodice et, à travers lui, l'amour cornélien? Cette alliance étroite de deux âmes ne se retrouve-t-elle pas dans les chefs-d'œuvre classiques *(le Cid, Cinna, Polyeucte)?* Où est cependant la différence? Ces deux personnages vous semblent-ils dignes l'un de l'autre?

— Montrez qu'ils ont l'un pour l'autre une admiration réciproque. Sur quoi se fonde-t-elle? Nicomède aimerait-il autant Laodice s'il admirait moins la vaillance, exaltée à froid, avec laquelle elle est prête à défendre contre tous sa dignité de femme et de reine? Laodice serait-elle toujours aussi sûre d'elle-même si elle n'était soutenue par une admiration sans bornes pour le héros aimé, par une confiance entière dans l'avenir que lui réserve la destinée? La présence de Nicomède ne vous semble-t-elle pas échauffer encore en elle cette fièvre de bravoure et parfois aussi de bravades?

— Les deux amants ont-ils la sympathie du spectateur?

— La préciosité des sentiments et du langage dans cette première scène.

— Quel jeu de scène faut-il imaginer à la fin de la scène?

Scène II. — LAODICE, NICOMÈDE, ATTALE

ATTALE

Quoi? Madame, toujours un front[1] inexorable?
Ne pourrai-je surprendre un regard favorable,
Un regard désarmé de toutes ces rigueurs,
Et tel qu'il est enfin quand il gagne les cœurs?

LAODICE

Si ce front est mal[2] propre à m'acquérir le vôtre[3],
Quand j'en aurai dessein, j'en saurai prendre un autre.

ATTALE

Vous ne l'acquerrez point, puisqu'il est tout à vous.

LAODICE

Je n'ai donc pas besoin d'un visage plus doux.

ATTALE

Conservez-le, de grâce, après l'avoir su prendre.

LAODICE

C'est un bien mal acquis que j'aime mieux vous rendre.

ATTALE

Vous l'estimez trop peu pour le vouloir garder.

LAODICE

Je vous estime trop pour vouloir rien farder.
Votre rang et le mien ne sauraient le permettre :
Pour garder votre cœur, je n'ai pas où le mettre;
La place est occupée, et je vous l'ai tant dit,
Prince, que ce discours vous dût[4] être interdit :
On le souffre d'abord, mais la suite importune.

ATTALE

Que celui qui l'occupe a de bonne fortune!
Et que serait heureux qui pourrait aujourd'hui
Disputer cette place et l'emporter sur lui!

NICOMÈDE

La place à l'emporter coûterait bien des têtes,
Seigneur : ce conquérant garde bien ses conquêtes[5],
Et l'on ignore encor parmi ses ennemis
L'art de reprendre un fort qu'une fois il a pris.

---

1. *Front :* air, attitude; **2.** Est peu propre à, n'est pas propre à; *mal* a ici la valeur d'une négation; **3.** Votre cœur. Les vers suivants manquent de netteté, bien que le sens ne soit pas douteux : *prendre un autre*, un autre cœur, un autre regard (vers 124). *Vous ne l'acquerrez point*, ce cœur (vers 125); **4.** *Dût :* devrait; emploi courant au XVIIe siècle du subjonctif imparfait avec le sens du conditionnel; **5.** Voir *Nicomède*, vers 4, et *Sertorius*, vers 1125-1126.

ATTALE

Celui-ci[1] toutefois peut s'attaquer de sorte
Que, tout vaillant qu'il est, il faudra qu'il[2] en sorte.

LAODICE

Vous pourriez vous méprendre.

ATTALE

Et si le Roi le veut?

LAODICE

Le Roi, juste et prudent, ne veut que ce qu'il peut.

ATTALE

Et que ne peut ici la grandeur* souveraine?

LAODICE

Ne parlez pas si haut* : s'il est roi, je suis reine;
Et vers[3] moi tout l'effort de son autorité
N'agit que par prière et par civilité.

ATTALE

Non; mais agir ainsi, souvent c'est beaucoup dire
Aux reines comme vous qu'on voit dans son empire;
Et si ce n'est assez des prières d'un roi,
Rome qui m'a nourri* vous parlera pour moi.

NICOMÈDE

Rome! Seigneur.

---

1. *Celui-ci :* le fort qu'est votre cœur; **2.** *Il* se rapporte non à *fort*, mais à *Nicomède ;* **3.** *Vers :* envers.

QUESTIONS

● VERS 119-144. En quoi la franche brusquerie de Laodice fait-elle ressortir encore davantage tout ce qu'a de mièvre et de fade le langage galant d'Attale? Comment expliquer la dureté de Laodice? Attale mérite-t-il un tel mépris (vers 132)? — Comment justifier, d'autre part, dans la bouche de Nicomède, ces répliques méprisantes et cette suffisance, où se mêle un peu de jactance espagnole (vers 139-142)? — En quoi toute cette conversation, où la galanterie raffinée prodigue les madrigaux, les ironies et les pointes, devait-t-elle plaire aux contemporains? Ne vous semble-t-elle pas bien froide dans une telle situation? — Relevez dans les vers 137-144 les expressions de la guerre appliquées à la galanterie. Cette série de métaphores déployées avec plus de tête que de cœur ne sont-elles pas plaisantes dans la bouche du disciple d'Annibal? Mais n'ont-elles pas dans son esprit un autre sens? Ne peut-on pas les prendre à la lettre? Quel effet produit ce double sens?

ATTALE

Oui, Rome; en êtes-vous en doute?

NICOMÈDE

Seigneur, je crains pour vous qu'un Romain vous écoute[1];
Et si Rome savait de quels feux vous brûlez,
Bien loin de vous prêter l'appui dont vous parlez,
Elle s'indignerait de voir sa créature
A l'éclat de son nom faire une telle injure,
Et vous dégraderait peut-être dès demain
Du titre glorieux de citoyen romain.
Vous l'a-t-elle donné pour mériter sa haine,
En le déshonorant par l'amour d'une reine,
Et ne savez-vous plus qu'il n'est princes ni rois
Qu'elle daigne égaler à ses moindres bourgeois[2]?
Pour[3] avoir tant vécu chez ces cœurs magnanimes,
Vous en avez bientôt oublié les maximes.
Reprenez un orgueil digne d'elle et de vous;
Remplissez mieux un nom sous qui nous tremblons tous,
Et sans plus l'abaisser à cette ignominie
D'idolâtrer en vain la reine d'Arménie,
Songez qu'il faut du moins, pour toucher votre cœur,
La fille d'un tribun ou celle d'un préteur;
Que Rome vous permet cette haute* alliance[4],
Dont vous aurait exclu le défaut de naissance,
Si l'honneur souverain de son adoption
Ne vous autorisait à tant d'ambition.

---

1. Voir vers 83 et la note; **2.** Le *bourgeois*, c'était proprement l'homme du bourg qui jouissait de tous les droits civils; ce mot équivalait donc à *citoyen*. Il ne faut voir aucune ironie dans son emploi; **3.** *Pour* et l'infinitif sont employés dans le sens de *bien que* (bien que vous ayez tant vécu); **4.** *Var.* (vers 175-176) :

Que c'est à ces partis que Rome vous destine
Mais dont vous exclurait enfin votre origine (1651-1656).

Var. (vers 175) : « Que Rome vous promet cette haute alliance » (1660 et 1663).

QUESTIONS

● VERS 145-155. Qu'y a-t-il de naïf et de maladroit dans les reparties d'Attale? On a dit à son sujet qu'il était un « enfant gâté », qui ne comprend pas qu'on résiste à ses désirs ou qu'on le contredise. Justifiez cette assertion. — Montrez pourquoi cet amant sans personnalité ne peut avoir pour le moment la sympathie du spectateur et, à plus forte raison, celle de Nicomède et de Laodice, qui le croient complice d'Arsinoé. Ne manque-t-il pas à ce soupirant la politesse du parfait galant réservée au héros (voir vers 1113)?

Forcez, rompez*, brisez de si honteuses chaînes;
Aux rois qu'elle méprise abandonnez les reines;
Et concevez enfin des vœux plus élevés,
Pour mériter les biens qui vous sont réservés.

ATTALE

Si cet homme est à vous[1], imposez-lui silence,
Madame, et retenez une telle insolence.
Pour voir jusqu'à quel point elle pourrait aller,
J'ai forcé ma colère à le laisser parler;
Mais je crains qu'elle[2] échappe et que, s'il continue,
Je ne m'obstine plus à tant de retenue.

NICOMÈDE

Seigneur, si j'ai raison, qu'importe à qui je sois?
Perd-elle[3] de son prix pour emprunter ma voix?
Vous-même, amour à part, je vous en fais arbitre.

---

1. Si cet homme appartient à votre maison; **2.** Voir vers 83 et la note; **3.** *Elle :* la raison.

QUESTIONS

● VERS 156-182. Montrez qu'il y a dans les propos de Nicomède un mélange curieux d'estime pour Rome et de mépris pour ceux qui se prêtent servilement à sa politique. Nicomède ne reste-t-il pas fidèle à la maxime de son maître Annibal : « Estimer beaucoup Rome et ne la craindre point »? Cette admiration pour la grandeur de l'empire des Romains et la haine qu'il leur porte sont-elles compatibles? — En quoi le vers 164, textuellement reproduit du vers 994 de *Cinna*, vous fait-il songer à *Bérénice?* Dans *Cinna* également (III, IV, vers 990-994), Émilie avait déjà dit avec un sincère orgueil :

> Pour être plus qu'un roi, tu te crois quelque chose!
> Aux deux bouts de la terre en est-il un si vain
> Qu'il prétende égaler un citoyen romain?
> Antoine sur sa tête attira notre haine,
> En se déshonorant par l'amour d'une reine.

Dans quel esprit Nicomède (vers 162-166) tient-il des propos semblables? — La politique romaine d'après la tirade de Nicomède. — Expliquez le vers 170 : *Remplissez mieux un nom...* et montrez l'ironie qu'il contient. — Étudiez l'ironie dans ce couplet de Nicomède : éléments, qualité, intérêt psychologique et dramatique. Montrez qu'avec beaucoup d'habileté et d'éloquence mêlée de plaisir amer il renferme « tout ce qu'il fermentait de révolte et de vengeance comprimée dans les cœurs des Asiatiques sous la conquête romaine » (Naudet). — Quelle est l'idée centrale de toute l'argumentation de Nicomède? Cette idée ne sera-t-elle pas répétée avec quelque monotonie dans le couplet suivant de Nicomède (vers 189-202)?

Ce grand* nom de Romain est un précieux titre;
Et la Reine et le Roi l'ont assez acheté
Pour ne se plaire pas à le voir rejeté,
Puisqu'ils se sont privés, pour ce nom d'importance,
Des charmantes douceurs d'élever votre enfance.
Dès l'âge de quatre ans ils vous ont éloigné;
Jugez si c'est pour voir ce titre dédaigné,
Pour vous voir renoncer, par l'hymen d'une reine,
A la part qu'ils avaient à la grandeur* romaine.
D'un si rare trésor l'un et l'autre jaloux...

ATTALE

Madame, encore un coup[1], cet homme est-il à vous?
Et pour vous divertir est-il si nécessaire
Que vous ne lui puissiez ordonner de se taire?

LAODICE

Puisqu'il vous a déplu vous traitant[2] de Romain,
Je veux bien vous traiter de fils de souverain.
En cette qualité vous devez reconnaître
Qu'un prince votre aîné doit être votre maître,
Craindre de lui déplaire, et savoir que le sang
Ne vous empêche pas de différer de rang,
Lui garder le respect qu'exige sa naissance,
Et loin de lui voler son bien en son absence...

---

1. *Encore un coup.* Au XVIIe siècle, cette expression n'était pas familière; elle était employée dans les situations les plus pathétiques (voir le *Cid*, vers 992); 2. *En vous traitant.*

QUESTIONS

● VERS 183-204. Le caractère d'Attale : montrez le passage, dans son attitude, de l'imprudence de son abandon ingénu à l'impatience coléreuse de l'enfant gâté. Essayez de justifier cette colère. — Voltaire trouve à juste titre le vers 197 très adroit : pour quelles raisons? N'explique-t-il pas l'équivoque de cette scène? — Relevez, dans le couplet de Nicomède, les railleries à l'égard d'Arsinoé et de Prusias. Cette ironie facile de sa part ne fatigue-t-elle pas à la longue?

● VERS 205-212. Après Nicomède, Laodice élève à son tour la voix et prend un secret plaisir à humilier Attale sur un ton énergique et blessant. Commentez l'expression *lui voler son bien.* Quelle est la valeur des deux termes? Que nous apprennent-ils sur la pensée et surtout le sentiment de Laodice? — Montrez qu'Attale est pris dans un dilemme invincible : « Si vous êtes citoyen romain, ne descendez pas à l'hymen d'une reine; si vous êtes prince, cédez le pas à votre frère aîné. » Remarquez la logique de cette ironie. En quoi ce caractère « raisonnable » est-il conforme à l'esprit cornélien?

ATTALE

Si l'honneur d'être à vous est maintenant son bien,
Dites un mot, Madame, et ce sera le mien;
Et si l'âge à mon rang fait quelque préjudice,
Vous en corrigerez la fatale injustice.
Mais si je lui dois tant en fils de souverain,
Permettez qu'une fois je vous parle en Romain.
Sachez qu'il n'en est point que le ciel n'ait fait naître
Pour commander aux rois et pour vivre sans maître;
Sachez que mon amour est un noble projet
Pour éviter l'affront de me voir son sujet;
Sachez...

LAODICE

Je m'en doutais, Seigneur, que ma couronne
Vous charmait bien du moins autant que ma personne;
Mais telle que je suis, et ma couronne et moi,
Tout est à cet aîné qui sera votre roi;
Et s'il était ici, peut-être en sa présence
Vous penseriez deux fois à[1] lui faire une offense.

ATTALE

Que ne puis-je l'y voir! mon courage* amoureux...

NICOMÈDE

Faites quelques souhaits qui soient moins dangereux,
Seigneur : s'il les savait, il pourrait bien lui-même
Venir d'un tel amour venger l'objet* qu'il aime.

ATTALE

Insolent! est-ce enfin le respect qui m'est dû?

NICOMÈDE

Je ne sais de nous deux, Seigneur, qui l'a perdu.

---

1. Vous réfléchiriez deux fois avant de lui faire une offense.

QUESTIONS

● VERS 213-223. Comment Attale se défend-il? Ne récite-t-il pas une leçon mal apprise? Dans quelle contradiction tombe-t-il, sans même chercher à la déguiser (vers 217-218)? — Les vers 219 et 220 sont dans *Cinna* (vers 1001-1002) : étaient-ils dits plus à propos par Émilie? — Quelle maladresse Attale commet-il par irréflexion (vers 221-222)?

ATTALE

Peux-tu bien me connaître et tenir ce langage?

NICOMÈDE

Je sais à qui je parle, et c'est mon avantage
Que n'étant point connu[1], Prince, vous ne savez
Si je vous dois respect, ou si vous m'en devez.

ATTALE

Ah! Madame, souffrez que ma juste colère...

LAODICE

Consultez-en, Seigneur, la Reine votre mère;
Elle entre.

SCÈNE III. — NICOMÈDE, ARSINOÉ, LAODICE, ATTALE, CLÉONE

NICOMÈDE

Instruisez mieux le Prince votre fils,
Madame, et dites-lui, de grâce, qui je suis :
Faute de me connaître, il s'emporte, il s'égare;

---

1. *Moi* n'étant point connu. Construction qui serait incorrecte aujourd'hui, puisque le participe étant ainsi construit doit avoir le même sujet que le verbe à mode personnel.

QUESTIONS

● VERS 224-241. Comment Laodice accentue-t-elle son triomphe sur le malheureux Attale? Pourquoi le vers 226 (comparé au vers 222) est-il particulièrement cruel pour lui? — Quel tournant prend la scène à partir des vers 227-228? — Pourquoi Nicomède rentre-t-il maintenant dans le jeu? Dans quelle mesure essaie-t-il de désabuser Attale? Pourquoi Corneille coupe-t-il cependant la scène avant qu'ait lieu la reconnaissance?

■ SUR L'ENSEMBLE DE LA SCÈNE II. — La situation et le ton dans cette scène : ne pourrait-on parler de marivaudage tragique?

— Que nous apprend cette deuxième scène sur le caractère d'Attale? Étudiez l'opposition des caractères d'Attale et de Nicomède. Comment peut-on expliquer la dureté de Nicomède à l'égard de son demi-frère?

— Emploi et valeur de l'ironie. Son intérêt psychologique et dramatique.

— En quoi l'annonce de l'arrivée d'Arsinoé, au moment où Nicomède allait révéler son identité, produit-elle un renouvellement d'intérêt, après ce débordement d'ironie qui commençait sinon à fatiguer, du moins à gêner?

Et ce désordre est mal dans une âme si rare :
J'en ai pitié.

ARSINOÉ

Seigneur, vous êtes donc ici?

NICOMÈDE

Oui, Madame, j'y suis, et Métrobate[1] aussi.

ARSINOÉ

Métrobate! ah! le traître!

NICOMÈDE

Il n'a rien dit, Madame,
Qui vous doive jeter aucun trouble dans l'âme.

ARSINOÉ

Mais qui[2] cause, Seigneur, ce retour surprenant?
Et votre armée?

NICOMÈDE

Elle est sous un bon lieutenant;
Et quant à mon retour, peu de chose le presse.
J'avais ici laissé mon maître et ma maîtresse[3] :
Vous m'avez ôté l'un, vous, dis-je, ou les Romains;
Et je viens sauver l'autre et d'eux et de vos mains.

ARSINOÉ

C'est ce qui vous amène?

NICOMÈDE

Oui, Madame; et j'espère
Que vous m'y[4] servirez auprès du Roi mon père.

ARSINOÉ

Je vous y servirai comme vous l'espérez.

NICOMÈDE

De votre bon vouloir nous sommes assurés.

ARSINOÉ

Il ne tiendra qu'au Roi qu'aux effets* je ne passe.

---

1. *Métrobate*. Les vers suivants nous laissent deviner qu'il s'agit d'un des prétendus assassins dont Nicomède a parlé dans la première scène; **2.** *Qui :* quelle chose, qu'est-ce qui... Au vers 275, on verra *qui* employé pour *ce qui ;* **3.** Pointe précieuse que l'on retrouvera au vers 1184. *Maître* désigne ici Annibal. Quant au mot *maîtresse*, il désigne, au XVIIe siècle, la femme aimée que l'on veut épouser; **4.** *Y :* pour cela.

NICOMÈDE

Vous voulez à tous deux nous faire cette grâce[1]?

ARSINOÉ

Tenez-vous assuré que je n'oublierai rien.

NICOMÈDE

Je connais votre cœur, ne doutez pas du mien.

ATTALE

Madame, c'est donc là le prince Nicomède?

NICOMÈDE

Oui, c'est moi qui viens voir s'il faut que je vous cède.

ATTALE

Ah! Seigneur, excusez si, vous connaissant mal[2]...

NICOMÈDE

Prince, faites-moi voir un plus digne rival.
Si vous aviez dessein d'attaquer cette place[3],
Ne vous départez point d'une si noble audace;
Mais comme à son secours je n'amène que moi,
Ne la menacez plus de Rome ni du Roi :
Je la défendrai seul; attaquez-la de même,

---

1. *Var.* : « Nous allons donc penser à vous en rendre grâce » (1651-1656); **2.** *Mal* a le sens négatif (voir la note du vers 123); *Mal connaître*, c'est ne pas connaître du tout; **3.** Voir le vers 138.

QUESTIONS

● VERS 241-262. « Ici et dans tout le cours de la pièce, remarque Petit de Julleville, Nicomède paraît un peu dur dans les railleries dont il poursuit Attale. Mais Nicomède n'est point un héros parfait. C'est un héros par le courage et la présence d'esprit, non un héros de patience et de charité. » Discutez ce point de vue. Faut-il admettre que Nicomède prolonge un peu trop l'ironie? Mais dans la situation où il se trouve, n'est-ce pas aussi sa seule arme, son unique défense? — La ruse d'Arsinoé : en quoi consiste sa perfidie? (Voir la complication romanesque de l'intrigue : vers 327-342 et 1069-1070.) Devine-t-on dès maintenant qu'Arsinoé a tout conduit? — Intérêt dramatique de l'ironie à froid et des sous-entendus dans les propos échangés par Arsinoé et Nicomède, « assaut, a-t-on pu dire, d'épigrammes perfides, d'équivoques polies et de compliments qui menacent » : relevez tous les termes où les deux adversaires, sans rompre l'apparence de la courtoisie, mesurent leur force respective. — En quoi le désir de défier son ennemie rend-il Nicomède doublement imprudent?

Avec tous les respects qu'on doit au diadème.
Je veux bien mettre à part, avec le nom d'aîné,
Le rang de votre maître où[1] je suis destiné;
Et nous verrons ainsi qui[2] fait mieux un brave homme[3],
Des leçons d'Annibal, ou de celles de Rome.
Adieu : pensez-y bien, je vous laisse y rêver[4].

SCÈNE IV. — ARSINOÉ, ATTALE, CLÉONE

ARSINOÉ

Quoi? tu faisais excuse à qui m'osait braver!

ATTALE

Que ne peut point, Madame, une telle surprise?
Ce prompt retour me perd, et rompt* votre entreprise.

ARSINOÉ

Tu l'entends mal, Attale : il la met dans ma main.
Va trouver de ma part l'ambassadeur romain;
Dedans mon cabinet, amène-le sans suite,
Et de ton heureux sort laisse-moi la conduite.

ATTALE

Mais, Madame, s'il faut...

---

1. Voir vers 26 et la note; 2. *Qui :* voir vers 249 et la note; 3. *Brave homme :* homme de cœur, mais aussi honnête homme. La place de l'épithète, pour un grand nombre d'expressions, ne déterminait pas le sens au XVIIe siècle, comme dans l'usage actuel; 4. *Rêver :* méditer profondément.

QUESTIONS

● VERS 263-277. Le respect admiratif d'Attale pour son frère vous paraît-il sincère? Ou bien faut-il voir, dans cette volte-face soudaine, en présence d'Arsinoé, comédie ou lâcheté? Nicomède peut-il croire à de la sincérité chez le fils d'Arsinoé? — Appréciez le couplet sur lequel Nicomède se retire. « Tout ce discours, écrit Voltaire, est noble, ferme et élevé : c'est là de la véritable grandeur; il n'y a ni ironie ni enflure. » Montrez-le; quel est déjà le dessein de Nicomède en s'adressant sur ce ton à son jeune frère?

■ SUR L'ENSEMBLE DE LA SCÈNE III. — Intérêt psychologique et dramatique de cette scène. Que nous apprend-elle de nouveau sur le caractère d'Attale? Quelle est notre première impression sur Arsinoé?
— En quoi l'intérêt est-il soutenu, Laodice et Nicomède quittant la scène pour laisser la place à leurs ennemis?

ARSINOÉ

Va, n'appréhende rien[1],
Et, pour avancer tout, hâte cet entretien.

Scène V. — ARSINOÉ, CLÉONE

CLÉONE

Vous lui cachez, Madame, un dessein qui le touche!

ARSINOÉ

Je crains qu'en l'apprenant son cœur ne s'effarouche;
Je crains qu'à la vertu* par les Romains instruit
De ce que je prépare il ne m'ôte le fruit,
Et ne conçoive mal qu'il n'est fourbe* ni crime
Qu'un trône acquis par là ne rende légitime.

CLÉONE

J'aurais cru les Romains un peu moins scrupuleux,
Et la mort d'Annibal m'eût fait mal juger d'eux.

---

1. *Var.* (vers 285-286) :
Point de mais ni de si;
Va, tu ne sauras rien que tout n'ait réussi (1651-1656).

QUESTIONS

■ Sur la scène iv. — Montrez que cette courte scène nous en apprend long sur les rapports d'Attale et de sa mère. N'est-il pas manifeste, désormais, qu'il en est le jouet? Pour quelle raison lui cache-t-elle ses machinations et le renvoie-t-elle avant d'expliquer ses desseins à sa confidente?

Corneille a modifié les vers 285-286 (voir la note). Pourriez-vous justifier cette correction?

● Vers 287-292. En quoi la crainte d'Arsinoé honore-t-elle Attale? N'est-ce pas, d'autre part, un habile moyen de nous laisser espérer que ce dernier ne sera pas toujours le docile instrument des ambitions de sa mère? — En quoi consiste pour Arsinoé ce qu'Araspe appellera plus loin (vers 432) *la saine politique?* Ces maximes machiavéliques traduisent les tendances de l'époque souvent mises en pratique. (Voir Richelieu et les *Mémoires* du cardinal de Retz.) De telles maximes sont fréquentes chez Corneille; trouvez d'autres héros cornéliens qui sont de l'avis d'Arsinoé (voir *Cinna*, V, ii; *la Mort de Pompée*, I, i). — Appliquez à Arsinoé ce que Petit de Julleville écrit de ce genre de personnage : « C'est une tradition dans la tragédie classique de prêter aux méchants et aux traîtres une noirceur emphatique, une complaisance audacieuse pour leur propre scélératesse. En outre, la tragédie aime à étaler cette doctrine machiavélique et césarienne : que le succès absout le crime. »

ARSINOÉ

Ne leur impute pas une telle injustice[1] :
Un Romain seul l'a faite, et par mon artifice.
Rome l'eût laissé vivre, et sa légalité[2]
N'eût point forcé les lois de l'hospitalité.
Savante à ses dépens de ce qu'il savait faire,
Elle le souffrait mal auprès d'un adversaire;
Mais quoique, par ce triste et prudent souvenir,
De chez Antiochus[3] elle l'ait fait bannir,
Elle aurait vu couler sans crainte et sans envie
Chez un prince allié les restes de sa vie :
Le seul Flaminius[4], trop piqué de l'affront
Que son père défait lui laisse sur le front;
Car je crois que tu sais que quand l'aigle romaine
Vit choir ses légions aux bords de Trasimène[5],
Flaminius son père en était général,
Et qu'il y tomba mort de la main d'Annibal.
Ce fils donc, qu'a pressé la soif de sa vengeance,
S'est aisément rendu de mon intelligence[6] :
L'espoir d'en voir l'objet*[7] entre ses mains remis
A pratiqué par lui le retour de mon fils[8];

---

1. Vers 285 et suivants : évidente altération de la vérité historique (voir aussi vers 72); **2.** *Légalité :* loyauté; **3.** *Antiochus :* roi de Syrie, chez qui Annibal s'était d'abord réfugié; **4.** Corneille ici a faussé l'histoire. Un consul Flaminius fut tué à la bataille de Trasimène, mais rien ne dit que ce fut de la main d'Annibal. Le Flaminius, ou plutôt Flamininus, qui fut ambassadeur auprès de Prusias en 183, n'avait aucun lien de parenté avec le vaincu de Trasimène. C'était le vainqueur du roi de Macédoine Philippe. L'erreur a été faite avant Corneille. *La Vie de Flamininus*, dans Amyot, est intitulée *Vie de Flaminius ;* **5.** *Trasimène :* lac d'Étrurie, célèbre par la défaite sanglante infligée aux Romains par Annibal (217 av. J.-C.); **6.** Est entré dans mes sentiments, a pris mon parti; **7.** L'objet de sa vengeance, Annibal; **8.** Ces deux vers sont peu clairs. Il faut comprendre : *l'espoir de voir l'objet* de sa vengeance [Annibal] *remis entre ses mains a pratiqué* [préparé, permis] *par lui* [par l'intermédiaire de Flaminius] *le retour* d'Attale.

QUESTIONS

● Vers 293-304. On remarquera le soin que prend Corneille de rendre les Romains innocents de la mort d'Annibal. Mais ne vaut-il pas mieux croire leur historien Tite-Live (livre XXXIX) : « Ils poursuivirent Annibal de leur haine inassouvie jusqu'à le réduire au suicide par la crainte qu'il eut de leur être livré » (ce que dit Nicomède au vers 24)? — Cette prétention d'Arsinoé d'être la cause première de la mort d'Annibal est démentie par toute l'histoire. Pourquoi Corneille a-t-il altéré d'une manière aussi évidente la vérité historique? Est-ce par souci de justifier ou de grandir Rome et ses chers Romains, qu'il a conscience de maltraiter dans cette pièce? En quoi cette déformation de l'histoire est-elle en relation avec le rôle que s'attribue Arsinoé?

Par lui j'ai jeté Rome en haute jalousie
De ce que Nicomède a conquis dans l'Asie,
Et de voir[1] Laodice unir tous ses États,
Par l'hymen de ce prince, à ceux de Prusias :
Si bien que le sénat prenant un juste ombrage
D'un empire si grand* sous un si grand* courage,
Il s'en[2] est fait nommer lui-même ambassadeur,
Pour rompre cet hymen et borner sa grandeur*[3].
Et voilà le seul point où Rome s'intéresse[4].

CLÉONE

Attale à ce dessein entreprend[5] sa maîtresse!
Mais que n'agissait Rome avant que le retour
De cet amant si cher affermît son amour!

ARSINOÉ

Irriter un vainqueur en tête d'une armée
Prête à suivre en tous lieux sa colère allumée,
C'était trop hasarder; et j'ai cru pour le mieux
Qu'il fallait de son fort[6] l'attirer en ces lieux.
Métrobate l'a fait, par des terreurs paniques[7],
Feignant de lui trahir mes ordres tyranniques,
Et pour l'assassiner se disant suborné,
Il l'a, grâces aux dieux, doucement amené.
Il[8] vient s'en plaindre au Roi, lui demander justice;
Et sa plainte le jette au bord du précipice.
Sans prendre aucun souci de m'en justifier,
Je saurai m'en servir à me fortifier.

---

1. En jalousie (crainte jalouse) de voir...; **2.** *Il* représente Flaminius, *en*, le sénat; **3.** La grandeur de Nicomède; **4.** *S'intéresser :* intervenir pour son intérêt; **5.** Essaie de conquérir le cœur de Laodice. Sur *maîtresse*, voir vers 52 et la note; **6.** *Fort :* fourré, taillis épais d'un bois (terme de vénerie); **7.** *Terreurs paniques.* Il est évident que c'est Métrobate qui a feint d'être pris d'une terreur panique, de perdre son sang-froid en face de Nicomède qu'il devait assassiner. *Paniques :* étymologiquement, causées par le dieu Pan; **8.** *Il :* Nicomède, alors qu'au vers précédent *il* représente Métrobate.

QUESTIONS

● VERS 305-323. Relevez et justifiez, du point de vue dramatique, les entorses à l'histoire. L'erreur sur le personnage de Flaminius est-elle volontaire? Lorsqu'il altère sciemment l'histoire, Corneille n'est-il pas le premier à le déclarer? (Voir l'Avis au lecteur (pages 38-39) et l'Examen (page 150).) — La faute n'est-elle pas heureuse? Pourquoi? Montrez que Flaminius n'est pas seulement le représentant du sénat romain; à côté de l'ambassadeur, il faut considérer l'homme, qui doit venger son père. Tirez-en des conclusions pour le rôle d'Annibal, dont le fantôme plane sur toute la pièce.

Tantôt en le voyant j'ai fait de[1] l'effrayée,
J'ai changé de couleur, je me suis écriée.
Il a cru me surprendre, et l'a cru bien en vain,
Puisque son retour même est l'œuvre de ma main.

CLÉONE

Mais quoi que Rome fasse et qu'Attale prétende[2],
Le moyen qu'à ses yeux Laodice se rende?

ARSINOÉ

Et je n'engage aussi mon fils en cet amour
Qu'à dessein d'éblouir le Roi, Rome et la cour.
Je n'en veux pas, Cléone, au sceptre d'Arménie :
Je cherche à m'assurer celui de Bithynie;
Et si ce diadème une fois est à nous,
Que cette reine après se choisisse un époux.
Je ne la vais presser que pour la voir rebelle,
Que pour aigrir les cœurs de son amant et d'elle.
Le Roi, que le Romain poussera vivement,
De peur d'offenser Rome agira chaudement,
Et ce prince, piqué[3] d'une juste colère,
S'emportera sans doute et bravera son père.
S'il est prompt et bouillant, le Roi ne l'est pas moins;
Et comme à l'échauffer j'appliquerai mes soins,
Pour peu qu'à de tels coups cet amant soit sensible,
Mon entreprise est sûre, et sa perte infaillible.
Voilà mon cœur ouvert, et tout ce qu'il prétend[4].
Mais dans mon cabinet Flaminius m'attend :
Allons, et garde bien le secret de la Reine.

CLÉONE

Vous me connaissez trop pour vous en mettre en peine.

---

1. J'ai fait l'effrayée (*faire de :* simuler); 2. Quelles que soient les prétentions, les ambitions d'Attale. *Prétendre :* avoir des prétentions; 3. *Piqué :* ému vivement, irrité (sens fort, comme au vers 305); 4. *Prétendre :* voir vers 343.

QUESTIONS

● VERS 324-342. Comment les révélations d'Arsinoé à sa confidente éclairent-elles les scènes précédentes? — Montrez que sa perfidie s'accompagne de clairvoyance : rapprochez des vers 327-328 les vers 85-88, où Laodice se montre tout aussi lucide. Cette dernière n'avait-elle pas flairé le piège devant le retour inattendu de Nicomède (voir scène première)? — Qu'a de plaisant le vers 334? — Les dons de comédienne d'Arsinoé : en quoi la rendent-ils plus redoutable?

● VERS 343-364. Quels sont les sentiments d'Arsinoé pour son fils? Est-ce qu'il lui importe de le faire souffrir? Les sentiments comptent-ils pour elle? — Montrez que sa plus grande joie est de mener à sa guise et par l'intrigue non seulement son fils et son mari, mais aussi Rome. Sur quoi repose le plan d'action qu'elle a élaboré et qu'elle expose à Cléone? L'habile comédienne ne se double-t-elle pas d'une habile psychologue? — Dans quelle direction les projets d'Arsinoé orientent-ils l'action?

■ SUR L'ENSEMBLE DE LA SCÈNE V. — En quoi cette scène complète-t-elle l'exposition? Montrez que, en peu de mots, Arsinoé nous a fait connaître avec clarté les dessous du drame. — Montrez aussi que chacune des répliques de la confidente amène Arsinoé à dévoiler tous les nœuds de son complot. Dans quelle mesure Cléone, avec son bon sens populaire, joue-t-elle le rôle du chœur antique?

— « Pourquoi, se demande Voltaire, Arsinoé dit-elle cela à une confidente inutile? [...] Il faut qu'un personnage paraisse avoir besoin de parler et non envie de parler [...]. Il est clair que Flaminius attend la reine, qu'elle a les plus grands intérêts du monde à hâter son entretien avec lui. Nicomède est arrivé; il va trouver le roi; il n'y a pas un moment à perdre; cependant, elle s'arrête pour détailler inutilement à Cléone des projets qui sont d'une nature à n'être confiés qu'à ceux qui doivent les seconder [...]. Ces confidences sont pardonnées aux passions : une jeune princesse peut avouer à sa confidente des sentiments qui échappent à son cœur; mais une reine politique ne doit faire part de ses projets qu'à ceux qui les doivent servir. » Examinez cette critique de Voltaire qui, classique à outrance, attaque manifestement l'institution même des confidents. Partagez-vous son opinion? Essayez de justifier le rôle de Cléone et les confidences d'Arsinoé. Eût-il été plus naturel qu'Arsinoé exposât ses desseins dans un monologue? D'autre part, Arsinoé ne prend-elle pas un vrai plaisir, à peu près comme Félix de *Polyeucte*, à découvrir et à faire admirer les ressorts cachés d'une diplomatie qu'elle croit infaillible?

— Intérêt psychologique et dramatique de cette scène : Arsinoé ne s'y révèle-t-elle pas tout entière? En découvrant qu'elle est plus noire encore qu'on ne nous l'a décrite, et que ses machinations passées ont pleinement réussi, ne sommes-nous pas prêts à croire que celles qu'elle a imaginées pour un avenir tout proche ont toutes les chances de réussir à leur tour?

■ SUR L'ENSEMBLE DE L'ACTE PREMIER. — Les qualités dramatiques de cet acte. Étudiez sa construction symétrique qui nous conduit d'une confidence (Nicomède-Laodice) à l'autre (Arsinoé-Cléone). Comment l'auteur est-il parvenu à ménager une progression dans l'intérêt?

— Que connaissons-nous des caractères? Quel est le personnage dont le caractère est encore équivoque? Quel est celui que nous avons à connaître?

— En quoi les révélations d'Arsinoé qui terminent l'acte nous laissent-elles dans l'attente et l'inquiétude? Toutefois, la menace qui pèse sur le héros est-elle imminente? Quelle est la confrontation qu'attend le spectateur?

Phot. Pic.

JUDITH MAGRE DANS LE RÔLE D'ARSINOÉ
Théâtre national populaire (1964).

Phot. Pic.

LAURENT TERZIEFF DANS LE RÔLE DE NICOMÈDE
Théâtre national populaire (1964).

ACTE II

Scène première. — PRUSIAS, ARASPE

PRUSIAS

Revenir sans mon ordre et se montrer ici!

ARASPE

Sire, vous auriez tort d'en prendre aucun[1] souci,
Et la haute* vertu* du prince Nicomède
Pour ce qu'on peut en[2] craindre est un puissant remède;
Mais tout autre que lui devrait être suspect :
Un retour si soudain manque un peu de respect,
Et donne lieu d'entrer en quelque défiance
Des secrètes raisons de tant d'impatience.

PRUSIAS

Je ne les vois que trop, et sa témérité
N'est qu'un pur attentat sur[3] mon autorité :
Il n'en veut plus dépendre et croit que ses conquêtes
Au-dessus de son bras ne laissent point de têtes;
Qu'il est lui seul sa règle et que, sans se trahir,
Des héros tels que lui ne sauraient obéir.

ARASPE

C'est d'ordinaire ainsi que ses pareils agissent :
A suivre leur devoir leurs hauts* faits se ternissent;
Et ces grands* cœurs, enflés du bruit[4] de leurs combats,
Souverains dans l'armée et parmi leurs soldats,
Font du commandement une douce habitude,
Pour qui l'obéissance est un métier bien rude.

---

1. *Aucun :* quelque (sens premier, positif); **2.** *En :* de lui [Nicomède] ou de son retour; **3.** Voir *faire un attentat sur* (contre) aux vers 849 et 1517; **4.** *Bruit*, pris au sens de « gloire », « renommée », est fréquent chez Corneille, de même qu'*enflé*, pris métaphoriquement pour « glorieux », « enorgueilli » (voir *la Mort de Pompée*, vers 276, 667 et 1066).

PRUSIAS

Dis tout, Araspe : dis que le nom de sujet
Réduit toute leur gloire en un rang trop abjet[1];
Que bien que leur naissance au trône les destine,
Si son ordre est trop lent[2], leur grand* cœur s'en mutine[3];
Qu'un père garde trop un bien qui leur est dû,
Et qui perd de son prix étant trop attendu;
Qu'on voit naître de là mille sourdes pratiques
Dans le gros de son peuple et dans ses domestiques[4];
Et que si l'on ne va jusqu'à trancher le cours
De son règne ennuyeux* et de ses tristes jours,
Du moins une insolente et fausse obéissance,
Lui laissant un vain titre, usurpe sa puissance.

ARASPE

C'est ce que de tout autre il faudrait redouter,
Seigneur, et qu'en tout autre il faudrait arrêter;
Mais ce n'est pas pour vous un avis nécessaire :
Le prince est vertueux*, et vous êtes bon père.

PRUSIAS

Si je n'étais bon père, il serait criminel;
Il doit son innocence à l'amour paternel;
C'est lui seul qui l'excuse et qui le justifie,
Ou lui seul qui me trompe et qui me sacrifie;
Car je dois craindre enfin que sa haute* vertu*
Contre l'ambition n'ait en vain combattu,

---

1. Voir vers 65 et la note; 2. Si l'ordre de la naissance est trop lent, si le père ne meurt pas assez vite, faisant trop attendre l'héritier du trône; 3. Se révolte contre cette lenteur (sens fort); 4. *Domestique :* qui appartient à la maison d'un prince.

QUESTIONS

● VERS 365-384. Montrez que Prusias prête à sourire dès sa première entrée en scène. La colère dont il est agité ne semble-t-elle pas le fruit de quelques perfides insinuations? Quelle est la bouche malveillante qui a soufflé cette colère en son cœur? — Étudiez le jeu d'Araspe, son habileté, sa perfidie. Sous l'instigation de qui semble-t-il agir? Montrez que, dès ses premières paroles, on le devine, et que plus on l'écoute, moins on peut en douter. — Devant ce jeu, quelle est l'attitude de Prusias? Montrez le comique de ses prétentions à la clairvoyance (vers 373-374).

Qu'il ne force en son cœur la nature à se taire[1].
Qui se lasse d'un roi peut se lasser d'un père;
Mille exemples sanglants nous peuvent l'enseigner :
Il n'est rien qui ne cède à l'ardeur de régner;
Et, depuis[2] qu'une fois elle nous inquiète[3],
La nature est aveugle et la vertu* muette.
Te le dirai-je, Araspe? il m'a trop bien servi;
Augmentant mon pouvoir, il me l'a tout ravi :
Il n'est plus mon sujet qu'autant qu'il le veut être;
Et qui me fait régner en effet[4] est mon maître.
Pour paraître[5] à mes yeux son mérite* est trop grand* :
On n'aime point à voir ceux à qui l'on doit tant.
Tout ce qu'il a fait parle au moment qu'il m'approche;
Et sa seule présence est un secret reproche :
Elle me dit toujours qu'il m'a fait trois fois roi[6],
Que je tiens plus de lui qu'il ne tiendra de moi
Et que, si je lui laisse un jour une couronne,
Ma tête en porte trois que sa valeur me donne.
J'en rougis dans mon âme; et ma confusion,
Qui renouvelle et croît à chaque occasion,
Sans cesse offre à mes yeux cette vue importune[7]
Que qui m'en donne trois peut bien m'en ôter une,

---

1. Voir vers 104; **2.** *Depuis que :* dès que; **3.** *Inquiéter :* tourmenter; **4.** *En effet :* en réalité, dans la réalité; **5.** Pour que Nicomède paraisse à mes yeux, c'est-à-dire pour que j'aime à le revoir; **6.** Voir vers 105 : ces trois royaumes conquis par Nicomède sont la Cappadoce (vers 28 et 467), le Pont (vers 468 et 699) et la Galatie (vers 700). La Bithynie est le royaume héréditaire de Prusias (voir carte, page 41); **7.** *Var.* (vers 425-427) :

Si je ne le dois craindre, au moins j'en dois rougir;
Et la confusion dont je me sens couvrir
Me ramène aussitôt cette vue importune (1651-1656).

QUESTIONS

● Vers 385-412. En quoi le vers 395 révèle-t-il l'essentiel des sentiments de Prusias? Ce roi, qui croit connaître tous les ressorts de l'âme humaine et se noie dans les raisonnements pour justifier sa peur ou sa faiblesse, ne ressemble-t-il pas au Félix de *Polyeucte?* Montrez que, comme Félix, il explique sa faiblesse par sa bonté (vers 401). — Le rôle d'Araspe : mettez en évidence sa perfidie en comparant les vers 400 et 367; comment le vers 405 prouve-t-il que la manœuvre d'Araspe a réussi à attiser la rancœur de Prusias? Pourquoi le roi croit-il bon d'ironiser sur la *vertu* de son fils? — Le vers 407 reprend presque textuellement le vers 104, que Nicomède a prononcé en parlant de Prusias : quel effet produit ce propos en passant dans la bouche de Prusias? — Étudiez chez Prusias la fausse logique de la peur (vers 408).

Qu'il n'a qu'à l'entreprendre et peut tout ce qu'il veut.
Juge, Araspe, où j'en suis s'il veut tout ce qu'il peut.

ARASPE

Pour tout autre que lui je sais comme s'explique[1]
La règle de la vraie et saine politique.
Aussitôt qu'un sujet s'est rendu trop puissant,
Encor qu'il soit sans crime, il n'est pas innocent :
On n'attend point alors qu'il s'ose tout permettre;
C'est un crime d'État que d'en[2] pouvoir commettre;
Et qui sait bien régner l'empêche prudemment
De mériter un juste et plus grand* châtiment,
Et prévient, par un ordre à tous deux salutaire,
Ou les maux qu'il prépare, ou ceux qu'il pourrait faire.
Mais, Seigneur, pour le Prince, il a trop de vertu*;
Je vous l'ai déjà dit.

PRUSIAS

Et m'en répondras-tu?
Me seras-tu garant de ce qu'il pourra faire
Pour venger Annibal, ou pour perdre son frère?
Et le prends-tu pour homme à voir d'un œil égal[3]
Et l'amour de son frère, et la mort d'Annibal?
Non, ne nous flattons point, il court à sa vengeance;
Il en a le prétexte, il en a la puissance;
Il est l'astre naissant qu'adorent mes États;
Il est le dieu du peuple et celui des soldats.
Sûr de ceux-ci, sans doute, il vient soulever l'autre,
Fondre avec son pouvoir sur le reste du nôtre;
Mais ce peu qui m'en reste, encor que languissant,
N'est pas peut-être encor tout à fait impuissant.

---

1. *S'explique :* se déploie, se développe (sens étymologique); 2. *En :* un crime d'État; 3. *Egal :* indifférent, impartial.

QUESTIONS

● VERS 413-430. Comparez les confidences naïvement cyniques de Prusias à celles de Félix dans *Polyeucte* (V, III). Montrez que Félix se rend plus justice à lui-même et que Prusias semble inconscient. — Le vers 418 est une maxime pleine de cynisme. En quoi ce vers fait-il songer aux maximes de La Rochefoucauld? L'amour-propre du roi (vers 425), qui le pousse à faire un crime des services rendus, ne le rend-il pas odieux? — Le travail de l'imagination chez Prusias (vers 428-430). Comment toutes ces suppositions sont-elles exploitées par Arsinoé et par Araspe?

Je veux bien toutefois agir avec adresse,
Joindre beaucoup d'honneur à bien peu de rudesse,
Le chasser avec gloire* et mêler doucement
Le prix de son mérite* à mon ressentiment;
Mais s'il ne m'obéit, ou s'il ose s'en plaindre,
Quoi qu'il ait fait pour moi, quoi que j'en voie à craindre[1],
Dussé-je voir par là tout l'État hasardé*...

ARASPE

Il vient.

SCÈNE II. — PRUSIAS, NICOMÈDE, ARASPE

PRUSIAS

Vous voilà, Prince! et qui vous a mandé?

NICOMÈDE

La seule ambition de pouvoir en personne
Mettre à vos pieds, Seigneur, encore une couronne,
De jouir de l'honneur de vos embrassements,

1. *Var.* : « Quoi qu'il ait fait pour moi, quoi que j'en doive craindre » (1651-1660).

QUESTIONS

● VERS 431-461. Relevez les considérations politiques et les maximes sur la raison d'État. Quel en était l'intérêt pour les contemporains? Comment jugez-vous cette *saine politique?* Connaissez-vous, dans d'autres tragédies, des personnages de confidents et de conseillers qui suggèrent ainsi à leur souverain de consolider leur pouvoir despotique par la raison d'État? — Importance des vers 441-442 : pourquoi cette insistance d'Araspe à parler de la vertu de Nicomède? De quelle façon Prusias tombe-t-il dans le piège qui lui est ainsi tendu? Ne se figure-t-il pas qu'on veut éteindre sa colère au moment où on l'attise? — On a aussi prétendu que Prusias n'était point aussi dupe d'Araspe, son mauvais génie, qu'on veut bien le laisser croire. Ces pensées qu'Araspe lui souffle, ces sentiments qu'il veut lui inspirer, croyez-vous qu'ils soient si nouveaux pour Prusias?

■ SUR L'ENSEMBLE DE LA SCÈNE PREMIÈRE. — Faites, d'après cette scène, un premier portrait de Prusias.

— Étudiez l'attitude de Prusias et le jeu d'Araspe dans toute cette scène. Importance du rôle de ce confident de tragédie plus qu'habile.

— Montrez que cette scène : 1° complète les données du premier acte en faisant vivre devant les yeux des spectateurs deux personnages nouveaux; 2° prépare l'entrevue avec Nicomède à la scène suivante et l'attitude que Prusias va y avoir.

Et d'être le témoin de vos contentements[1].
Après la Cappadoce heureusement unie[2]
Aux royaumes du Pont et de la Bithynie,
Je viens remercier et mon père et mon roi
D'avoir eu la bonté de s'y servir de moi,
D'avoir choisi mon bras pour une telle gloire*
Et fait tomber sur moi l'honneur de sa victoire.

PRUSIAS

Vous pouviez vous passer de mes embrassements,
Me faire par écrit de tels remerciements;
Et vous ne deviez pas envelopper d'un crime
Ce que votre victoire ajoute à votre estime[3].
Abandonner mon camp en est un capital[4],
Inexcusable en tous, et plus au[5] général;
Et tout autre que vous, malgré cette conquête,
Revenant sans mon ordre, eût payé de sa tête.

NICOMÈDE

J'ai failli, je l'avoue, et mon cœur imprudent
A trop cru les transports d'un désir trop ardent :
L'amour que j'ai pour vous a commis cette offense,
Lui seul à mon devoir fait cette violence.
Si le bien[6] de vous voir m'était moins précieux,
Je serais innocent, mais si loin de vos yeux,
Que j'aime mieux, Seigneur, en perdre un peu d'estime
Et qu'un bonheur si grand me coûte un petit crime,
Qui ne craindra jamais la plus sévère loi,
Si l'amour juge en vous ce qu'il a fait en moi[7].

---

1. *Vos contentements* (pluriel abstrait) : votre contentement; 2. *Var.* (vers 467-469) :
La Cappadoce est vôtre, et le trône d'Arsace;
Vos ordres par ma main vous ont mis à sa place,
Et je viens rendre grâce à mon père et mon roi (1651-1656);
3. *A votre estime :* à l'estime que l'on a pour vous, et que j'ai pour vous; 4. *Un capital :* un crime capital; 5. Et plus encore chez le général; 6. *Le bien :* le plaisir, le bonheur; 7. Si c'est votre amour pour moi qui juge le crime que mon amour pour vous m'a fait commettre.

QUESTIONS

● VERS 462-490. Expliquez, d'après la discussion qui a précédé, l'attitude et le ton de Prusias à l'arrivée de Nicomède. — Ne vous semble-t-il pas qu'ici le fils et le père jouent un peu la comédie à l'égard l'un de l'autre? Les démonstrations d'amour filial parviennent-elles à voiler l'ironie cachée dans ces paroles? Essayez de montrer que personne n'est dupe, ni le fils de la colère affectée du père ni le père de la tendresse empressée du fils. Toute l'impertinence subtile de la tirade de Nicomède ne semble-t-elle pas échapper pourtant à Prusias?

PRUSIAS

La plus mauvaise excuse est assez pour un père,
Et sous le nom d'un fils toute faute est légère :
Je ne veux voir en vous que mon unique[1] appui.
Recevez tout l'honneur qu'on vous doit aujourd'hui :
L'ambassadeur romain me demande audience;
Il verra ce qu'en vous je prends de confiance;
Vous l'écouterez, Prince, et répondrez pour moi.
Vous êtes aussi bien le véritable roi;
Je n'en suis plus que l'ombre et l'âge ne m'en laisse
Qu'un vain titre d'honneur qu'on rend à ma vieillesse;
Je n'ai plus que deux jours peut-être à le garder :
L'intérêt de l'État vous doit seul regarder.
Prenez-en aujourd'hui la marque la plus haute*[2];
Mais gardez-vous aussi d'oublier votre faute;
Et, comme elle fait brèche au pouvoir souverain,
Pour la[3] bien réparer, retournez dès demain.
Remettez en éclat la puissance absolue :
Attendez-la de moi comme je l'ai reçue,
Inviolable, entière; et n'autorisez pas
De plus méchants que vous à la mettre plus bas.
Le peuple qui vous voit, la cour qui vous contemple,
Vous désobéiraient sur votre propre exemple :
Donnez-leur-en un autre, et montrez à leurs yeux
Que nos premiers sujets obéissent le mieux.

NICOMÈDE

J'obéirai, Seigneur, et plus tôt qu'on ne pense;
Mais je demande un prix de mon obéissance.
La reine d'Arménie est due à ses États,
Et j'en vois les chemins ouverts par nos combats[4].
Il est temps qu'en son ciel cet astre aille reluire :
De grâce, accordez-moi l'honneur de l'y conduire.

PRUSIAS

Il n'appartient qu'à vous, et cet illustre emploi
Demande un roi lui-même, ou l'héritier d'un roi;

1. *Unique :* exceptionnel; 2. *En* reprend l'idée générale des vers précédents, et le vers signifie « acquittez-vous de l'emploi le plus haut de la royauté en répondant seul à l'ambassadeur au nom de l'État tout entier »; 3. *La :* cette brèche; 4. *Var.* (vers 518-519) :

Et les chemins ouverts par nos derniers combats
Font qu'après ce bonheur tout son peuple soupire (1651-1656).

Mais, pour la renvoyer jusqu'en son Arménie,
Vous savez qu'il y faut quelque cérémonie :
Tandis que je ferai préparer son départ,
Vous irez dans mon camp l'attendre de ma part[1].

NICOMÈDE

Elle est prête à partir sans plus grand équipage[2].

PRUSIAS

Je n'ai garde à son rang de faire un tel outrage,
Mais l'ambassadeur entre, il le faut écouter;
Puis nous verrons quel ordre on y[3] doit apporter.

SCÈNE III. — PRUSIAS, NICOMÈDE, FLAMINIUS, ARASPE

FLAMINIUS

Sur le point de partir[4], Rome, Seigneur, me mande
Que je vous fasse encor pour elle une demande.

---

1. *L'attendre de ma part :* attendre que je vous l'envoie; 2. *Equipage :* préparatifs de voyage; 3. *Y :* à ce projet de départ de Laodice; 4. [Alors que je suis] sur le point de partir.

QUESTIONS

● VERS 491-530. Faut-il prendre au sérieux le retour hypocrite de tendresse paternelle qui marque cette scène? — Quel est le piège qu'imagine Prusias? Pourquoi charge-t-il Nicomède de recevoir l'ambassadeur romain Flaminius? Quelles raisons fait-il valoir pour se justifier? D'autre part, ne veut-il pas un acte d'obéissance de la part de Nicomède? — Pourquoi Nicomède est-il prêt à obéir (vers 515)? — Expliquez, à la fin de la tirade de Prusias (vers 507-514), les paroles fermes, les propos admirables qui étonnent dans sa bouche. Montrez que Prusias aussi sait railler (vers 524 et 528), que, s'il est faible et lâche, il n'est pas stupide. — Nicomède obtient-il satisfaction entière? Peut-il cependant protester contre les délais que réclame Prusias pour laisser partir Laodice?

■ SUR L'ENSEMBLE DE LA SCÈNE II. — D'où naît l'intérêt de cette scène? Que nous apprend cette première rencontre entre le père et le fils? — Dégagez le contraste ingénieusement prolongé entre l'hostilité de leurs sentiments cachés et l'habile douceur de leurs paroles. Comparez de ce point de vue cette scène avec l'entrevue de Nicomède et d'Arsinoé (I, III). — Analysez, dans le caractère de Prusias, au cours de cette rivalité sourde, le mélange de dissimulation peureuse et d'autoritarisme décidé. Quel est son plan? Peut-il avoir l'impression qu'il a soumis Nicomède à sa volonté?

Elle a nourri* vingt ans un prince votre fils;
Et vous pouvez juger les soins qu'elle en a pris
Par les hautes vertus* et les illustres marques
Qui font briller en lui le sang de vos monarques.
Surtout il est instruit en l'art de bien régner :
C'est à vous de le croire et de le témoigner.
Si vous faites état[1] de cette nourriture*,
Donnez ordre qu'il règne : elle vous en conjure;
Et vous offenseriez l'estime* qu'elle en fait[2],
Si vous le laissiez vivre et mourir en sujet.
Faites donc aujourd'hui que je lui[3] puisse dire
Où vous lui[4] destinez un souverain empire.

PRUSIAS

Les soins qu'ont pris de lui le peuple et le sénat
Ne trouveront en moi jamais un père ingrat :
Je crois que pour régner il en a les mérites*,
Et n'en veux point douter après ce que vous dites[5];
Mais vous voyez, Seigneur, le Prince son aîné,
Dont le bras généreux* trois fois m'a couronné;
Il ne fait que[6] sortir encor d'une victoire,
Et pour tant de hauts* faits je lui dois quelque gloire*;
Souffrez qu'il ait l'honneur de répondre pour moi.

NICOMÈDE

Seigneur, c'est à vous seul de faire Attale roi.

PRUSIAS

C'est votre intérêt seul que sa demande touche[7].

NICOMÈDE

Le vôtre toutefois m'ouvrira seul la bouche.
De quoi se mêle Rome, et d'où prend le sénat,
Vous vivant, vous régnant, ce droit sur votre État?
Vivez, régnez, Seigneur, jusqu'à la sépulture,
Et laissez faire après ou Rome, ou la nature.

---

1. *Faire état :* faire cas; **2.** *Faire estime* équivaut à « faire état », c'est-à-dire « faire cas »; *en :* de lui; **3.** *Lui :* à Rome; **4.** *Lui :* à Attale; **5.** *Var. :* « Et n'en veux point douter puisque vous me le dites » (1651-1656); **6.** En ce sens, nous dirions aujourd'hui : il ne fait que de sortir (il vient à peine de...). *Ne faire que sortir* signifie maintenant « ne pas cesser de sortir, sortir à tout moment »; **7.** *Var.* (vers 555-556) :

C'est votre intérêt seul que cette affaire touche.
— Et pour le vôtre seul je veux ouvrir la bouche (1651-1656).

PRUSIAS

Pour de pareils amis il faut se faire effort.

NICOMÈDE

Qui partage vos biens aspire à votre mort[1];
Et de pareils amis, en bonne politique...

PRUSIAS

Ah! ne me brouillez point avec la République.
Portez plus de respect à de tels alliés.

NICOMÈDE

Je ne puis voir sous eux les rois humiliés;
Et quel que soit ce fils que Rome vous renvoie,
Seigneur, je lui rendrais son présent avec joie.
S'il est si bien instruit en l'art de commander,
C'est un rare trésor qu'elle devrait garder,
Et conserver chez soi sa chère nourriture*
Ou pour le consulat, ou pour la dictature.

---

1. *Var. :* « Qui vous partage en vie aspire à votre mort » (1651-1656).

QUESTIONS

● VERS 531-560. Que vient faire Flaminius à la cour de Bithynie? — Que signifie, dans ce contexte, le vers 537? Venant de lui, ce « certificat de bon roi » ne fait-il pas sourire? Montrez que cette prière (vers 540), avec sa pompe toute formaliste et officielle, est un ordre impérieux. — L'attitude de Prusias : pourquoi se montre-t-il souriant, obséquieux et plein d'humilité? Quel est le double jeu qu'il mène? — Quelle va être la grande habileté de Nicomède devant ce comportement de Prusias? En associant étroitement sa cause à celle de son père, alors que celui-ci voudrait les disjoindre, quelle leçon veut-il donner à son propre père? — En quoi Nicomède rompt-il avec toutes les règles et les convenances diplomatiques?

● VERS 561-572. Croyez-vous qu'en tout ce débat Prusias soit pleinement sincère, et que son effacement vienne de sa seule faiblesse? Étudiez la duplicité de son jeu. Dégagez la part de la lâcheté, de la politique, de la vanité blessée dans les quelques mots qu'il laisse tomber çà et là et qui sont autant de traits de caractère. — Le vers 564 est-il un trait de sagesse ou de bassesse? S'il veut discréditer et affaiblir l'héritier redoutable qu'est son fils, Prusias, en lui donnant le droit de parler en roi, ne se plaît-il pas peut-être à le voir s'insurger contre Rome et à lui voir dire clairement ce qu'il ose à peine penser? Quel plaisir peut-il avoir à mettre ainsi aux prises les deux hommes qui l'humilient dans son orgueil de tyran? — L'attaque de Nicomède (vers 566-572) : sur quel plan met-il en évidence la duplicité de la politique romaine?

FLAMINIUS

Seigneur, dans ce discours qui nous traite si mal,
Vous voyez un effet des leçons d'Annibal;
Ce perfide ennemi de la grandeur* romaine
N'en[1] a mis en son cœur que mépris et que haine.

NICOMÈDE

Non, mais il m'a surtout laissé ferme en ce point,
D'estimer beaucoup Rome, et[2] ne la craindre point.
On me croit son disciple, et je le tiens à gloire*[3];
Et quand Flaminius attaque sa mémoire,
Il doit savoir qu'un jour il me fera raison[4]
D'avoir réduit mon maître au secours du poison[5],
Et n'oublier jamais qu'autrefois ce grand* homme
Commença par son père à triompher de Rome[6].

FLAMINIUS

Ah! c'est trop m'outrager!

NICOMÈDE

N'outragez plus les morts[7].

PRUSIAS

Et vous, ne cherchez point à former de discords[8] :
Parlez, et nettement, sur ce qu'il me propose.

NICOMÈDE

Eh bien! s'il est besoin de répondre autre chose,
Attale doit régner, Rome l'a résolu;

---

1. *En :* de la grandeur romaine, c'est-à-dire des Romains; 2. Voir vers 62 et 102 et les notes; 3. *Var. :* « Je fus son écolier et je le tiens à gloire » (1651-1656); 4. *Faire raison :* rendre raison, donner satisfaction; 5. Voir vers 24; 6. Nouvelle inexactitude historique : les défaites de P. Scipion et de Sempronius au Tessin, à la Trébie (218 avant J.-C.), sont antérieures à Trasimène (217 avant J.-C.); 7. *Var. :* « N'offensez plus les morts » (1651); 8. *Discords :* désaccords (mot vieilli).

QUESTIONS

● VERS 573-585. Pour quelle raison Flaminius affecte-t-il, en s'adressant à Prusias, de ne pas vouloir répondre directement à Nicomède? Quelle politique suit-il? Sur quel plan fait-il passer la discussion en introduisant le nom d'Annibal dans le débat? — Comment Nicomède réplique-t-il à ce dédain? — Montrez que ce n'est plus le fils de roi qui parle au nom de tous les rois humiliés, mais surtout le disciple d'Annibal qui brave en face le meurtrier de son maître.

● VERS 586-587. Nicomède n'en a-t-il pas assez dit? N'a-t-il pas parlé assez nettement? Que désire Prusias? Le débat diplomatique peut-il désormais aboutir? Pourquoi Flaminius n'a-t-il pas cependant rompu l'entretien après l'insulte personnelle qu'il a essuyée?

Et, puisqu'elle a partout un pouvoir absolu,
C'est aux rois d'obéir alors qu'elle commande.
Attale a le cœur grand*, l'esprit grand*, l'âme grande*,
Et toutes les grandeurs* dont se fait un grand* roi;
Mais c'est trop que d'en croire un Romain sur sa foi.
Par quelque grand* effet* voyons s'il en est digne[1],
S'il a cette vertu*, cette valeur insigne.
Donnez-lui votre armée et voyons ces grands* coups;
Qu'il en[2] fasse pour lui ce que j'ai fait pour vous;
Qu'il règne avec éclat sur sa propre conquête
Et que de sa victoire il couronne sa tête.
Je lui prête mon bras et veux, dès maintenant,
S'il daigne s'en servir, être son lieutenant.
L'exemple des Romains m'autorise à le faire :
Le fameux Scipion le fut bien de son frère;
Et lorsque Antiochus fut par eux détrôné,
Sous les lois du plus jeune on vit marcher l'aîné[3].
Les bords de l'Hellespont, ceux de la mer Égée,
Les restes de l'Asie à nos côtés rangée[4],
Offrent une matière à son ambition...

FLAMINIUS

Rome prend tout ce reste en sa protection;
Et vous n'y pouvez plus étendre vos conquêtes,
Sans attirer sur vous d'effroyables tempêtes.

NICOMÈDE

J'ignore sur ce point les volontés du Roi;
Mais peut-être qu'un jour je dépendrai de moi,
Et nous verrons alors l'effet de ces menaces.
Vous pouvez cependant faire munir[5] ces places,
Préparer un obstacle à mes nouveaux desseins,

1. S'il est digne qu'on le fasse roi; 2. *En :* de cette armée; 3. Scipion l'Asiatique, ayant pour lieutenant son frère aîné, le fameux Publius Scipion dit « l'Africain », défit Antiochus au mont Sipyle (190 av. J.-C.); 4. *A nos côtés rangée :* située à nos frontières; 5. *Munir :* fortifier.

QUESTIONS

● VERS 588-612. Comparez la nouvelle argumentation de Nicomède à celle qu'il avait amorcée aux vers 566-572. Quelle nouvelle provocation contient-elle, tout en paraissant faire une concession? — Étudiez le ton et le style de la tirade de Nicomède : l'enthousiasme, l'orgueil, la jeunesse du héros. En quoi consiste ici le sens de sa gloire? — La politique face au héros : comment Flaminius, ambassadeur de Rome, retrouve-t-il son véritable rôle?

Disposer de bonne heure[1] un secours de Romains;
Et si Flaminius en est le capitaine,
Nous pourrons lui trouver un lac de Trasimène.

PRUSIAS

Prince, vous abusez trop tôt de ma bonté[2] :
Le rang d'ambassadeur doit être respecté;
Et l'honneur souverain qu'ici je vous défère...

NICOMÈDE

Ou laissez-moi parler, Sire, ou faites-moi taire.
Je ne sais point répondre autrement pour un roi
A qui dessus son trône on veut faire la loi.

PRUSIAS

Vous m'offensez moi-même en parlant de la sorte[3],
Et vous devez dompter l'ardeur qui vous emporte.

NICOMÈDE

Quoi? je verrai, Seigneur, qu'on borne vos États,
Qu'au milieu de ma course on m'arrête le bras,
Que de vous menacer on a même l'audace,
Et je ne rendrai point menace pour menace!
Et je remercierai qui me dit hautement
Qu'il ne m'est plus permis de vaincre impunément!

PRUSIAS, *à Flaminius.*

Seigneur, vous pardonnez aux chaleurs[4] de son âge;
Le temps et la raison pourront le rendre sage.

---

1. *De bonne heure :* au moment opportun; 2. *Var. :* « Prince, vous abusez enfin de ma bonté » (1651-1656); 3. *Var.* (vers 627-628) :
Vous m'offensez. — Autant que Rome vous honore.
— Quoi? vous continuez à m'offenser encore! (1651-1656);
4. *Chaleurs :* emportement passionné.

QUESTIONS

● VERS 613-636. Nicomède a-t-il été surpris (vers 613-614) par la riposte de Flaminius? Comment accentue-t-il encore sa provocation, en faisant face à la fois à Prusias et à Flaminius? — Ne dirait-on pas que Prusias s'applique à piquer l'amour-propre de Nicomède, qu'il traite en enfant (vers 635-646), et à déchaîner sa fougue pour mieux le compromettre? N'est-il pas permis de se demander, cependant, s'il le fait consciemment? Nicomède ne s'est-il pas suffisamment compromis? Ne semble-t-il pas plutôt que Prusias, qui est en dehors du conflit qu'il a provoqué, essaie impuissamment et maladroitement de l'endiguer devant l'ampleur qu'il prend? Ne doit-il pas y renoncer? Pourquoi? — Ce n'est qu'au vers 720 que le roi reprendra la parole. Vous essaierez d'analyser les sentiments qu'il éprouve jusque-là.

NICOMÈDE

La raison et le temps m'ouvrent assez les yeux,
Et l'âge ne fera que me les ouvrir mieux.
Si j'avais jusqu'ici vécu comme ce frère,
Avec une vertu* qui fût imaginaire
(Car je l'appelle ainsi quand elle est sans effets*;
Et l'admiration de[1] tant d'hommes parfaits
Dont il a vu dans Rome éclater le mérite*
N'est pas grande* vertu* si l'on ne les imite);
Si j'avais donc vécu dans ce même repos
Qu'il a vécu[2] dans Rome auprès de ses héros,
Elle me laisserait la Bithynie entière,
Telle que de tout temps l'aîné la tient d'un père,
Et s'empresserait moins à le faire régner,
Si vos armes sous moi n'avaient su rien gagner.
Mais parce qu'elle voit avec la Bithynie
Par trois sceptres conquis trop de puissance unie,
Il faut la diviser; et dans ce beau projet,
Ce prince est trop bien né pour vivre mon sujet!
Puisqu'il peut la[3] servir à me faire descendre,
Il a plus de vertu* que n'en eut Alexandre;
Et je lui dois quitter[4], pour le mettre en mon rang,
Le bien de mes aïeux ou le prix de mon sang.
Grâces aux Immortels, l'effort de mon courage*
Et ma grandeur future ont mis Rome en ombrage* :
Vous pouvez l'en guérir, Seigneur, et promptement;

1. *De* : pour; 2. Où il a vécu; 3. *La* représente Rome; 4. *Quitter* : céder.

QUESTIONS

● VERS 637-664. Nicomède ne montre-t-il pas une profonde intelligence de la politique romaine (voir l'Avis au lecteur)? Montrez que Corneille a toujours soin de glorifier Rome (vers 643) même par la bouche de Nicomède. — L'attitude de Nicomède répond-elle aux espérances exprimées par Prusias au vers 455? Qu'est-ce qui la dicte? On a trouvé que Nicomède passait ici un peu la mesure. Ce reproche est-il fondé? Comment peut-on justifier cette attitude? Par la jeunesse téméraire d'un Nicomède enflé de ses succès, ou l'exaspération à la vue de l'abaissement de son père aux pieds des Romains? A-t-il donné dans le piège et s'est-il compromis autant que Prusias pouvait le souhaiter? — Montrez que ce discours est fier, mais imprudent. Tans de confiance en soi et tant d'orgueil ne justifient-ils pas, en apparence, les craintes de Prusias sur l'ambition de Nicomède? Rome ne va-t-elle pas être plus vivement poussée à perdre un ennemi qui s'annonce si dangereux?

Mais n'exigez d'un fils aucun consentement :
Le maître qui prit soin d'instruire ma jeunesse
Ne m'a jamais appris à faire une bassesse.

FLAMINIUS

A ce que je puis voir, vous avez combattu,
Prince, par intérêt, plutôt que par vertu*.
Les plus rares exploits que vous ayez pu faire
N'ont jeté qu'un dépôt sur la tête d'un père :
Il n'est que gardien[1] de leur illustre prix,
Et ce n'est que pour vous que vous avez conquis,
Puisque cette grandeur* à son trône attachée
Sur nul autre que vous ne peut être épanchée.
Certes, je vous croyais un peu plus généreux* :
Quand les Romains le sont, ils ne font rien pour eux.
Scipion, dont tantôt[2] vous vantiez le courage,
Ne voulait point régner sur les murs de Carthage;
Et de tout ce qu'il fit pour l'empire romain
Il n'en eut que la gloire* et le nom d'Africain.
Mais on ne voit qu'à Rome une vertu si pure :
Le reste de la terre est d'une autre nature.
Quant aux raisons d'État qui vous font concevoir
Que nous craignons en vous l'union du pouvoir[3],
Si vous en consultiez des têtes bien sensées,
Elles vous déferaient de ces belles pensées :
Par respect pour le Roi je ne dis rien de plus.
Prenez quelque loisir de rêver[4] là-dessus;
Laissez moins de fumées à vos feux militaires[5],
Et vous pourrez avoir des visions plus claires.

---

1. *Gardien :* trois syllabes (diérèse); **2.** *Tantôt :* tout à l'heure; **3.** Plusieurs couronnes réunies par vous sur votre tête; **4.** *Rêver :* voir vers 277 et la note; **5.** Ne vous laissez pas obscurcir l'intelligence et égarer l'esprit par des espérances vaines et imaginaires *(fumées)* issues de l'ardeur de votre courage militaire *(feux militaires)*.

QUESTIONS

● VERS 665-688. En quoi consiste l'adresse de Flaminius? Comment s'associe-t-il aux inquiétudes de Prusias? Ne cherche-t-il pas à être blessant à son tour en maniant l'ironie? Justifiez l'emploi du verbe *jeter*, au vers 668. — Montrez que le discours de Flaminius est digne et calme, comme il sied à un ambassadeur. Son argumentation dédaigneuse et amusée n'est-elle pas propre à blesser et à exaspérer Nicomède? Relevez les traits et les mots qui sont autant de gifles à l'orgueil hautain de ce dernier.

NICOMÈDE

Le temps pourra donner quelque décision
Si la pensée est belle, ou si c'est vision.
Cependant...

FLAMINIUS

Cependant, si vous trouvez des charmes
A pousser plus avant la gloire* de vos armes,
Nous ne la bornons point; mais comme il est permis
Contre qui que ce soit de servir ses amis,
Si vous ne le savez, je veux bien vous l'apprendre,
Et vous en donne avis pour ne vous pas surprendre.
Au reste, soyez sûr que vous posséderez
Tout ce qu'en votre cœur déjà vous dévorez :
Le Pont sera pour vous avec la Galatie,
Avec la Cappadoce, avec la Bithynie[1].
Ce bien de vos aïeux, ces prix de votre sang,
Ne mettront point Attale en votre illustre rang;
Et puisque leur partage est pour vous un supplice,
Rome n'a pas dessein de vous faire injustice.
Ce prince régnera sans rien prendre sur vous.
(A Prusias.)
La reine d'Arménie a besoin d'un époux,
Seigneur; l'occasion ne peut être plus belle :
Elle vit sous vos lois, et vous disposez d'elle.

NICOMÈDE

Voilà le vrai secret de faire Attale roi,
Comme vous l'avez dit, sans rien prendre sur moi.
La pièce[2] est délicate, et ceux qui l'ont tissue

---

1. Voir la note du vers 421. La Bithynie est *le bien des aïeux* de Nicomède, les trois autres *le prix de son sang*, car il les a conquis (en fait, historiquement, après la mort de Prusias); 2. *Pièce :* fourberie, tour.

QUESTIONS

● Vers 689-708. Nicomède a-t-il le même calme que Flaminius? Quel est le mot que reprend Flaminius et qui montre que Nicomède n'a plus le beau rôle (vers 691)? — Relevez les expressions ou les mots énergiques propres à blesser le conquérant. En quoi consiste la raillerie de Flaminius? Notez l'ironie du vers 701, qui reprend les paroles de Nicomède (vers 658). — Montrez que l'ambassadeur profite de cette supériorité passagère pour placer sa requête. En relevant la figure et le rôle de Flaminius dans ce beau couplet, n'est-ce pas Rome elle-même que Corneille tient à ne pas trop abaisser, plus que son ambassadeur? — Pourquoi est-il habile de la part de Flaminius de savoir se retirer à temps du débat pour laisser face à face Nicomède et Prusias?

A de si longs détours font une digne issue.
Je n'y réponds qu'un mot, étant sans intérêt.
Traitez cette princesse en reine comme elle est :
Ne touchez point en elle aux droits du diadème,
Ou pour les maintenir je périrai moi-même.
Je vous en donne avis et que jamais les rois,
Pour vivre en nos États, ne vivent sous nos lois;
Qu'elle seule en ces lieux d'elle-même dispose.

PRUSIAS

N'avez-vous, Nicomède, à lui dire autre chose?

NICOMÈDE

Non, Seigneur, si ce n'est que la Reine, après tout,
Sachant ce que je puis, me pousse trop à bout.

PRUSIAS

Contre elle, dans ma cour, que peut votre insolence?

NICOMÈDE

Rien du tout, que garder ou rompre le silence.
Une seconde fois avisez, s'il vous plaît,

QUESTIONS

● Vers 709-719. La réaction de Nicomède nous surprend-elle? Montrez que Nicomède, qui reprend les mêmes expressions que Flaminius, se sent fort et sûr à nouveau (vers 717 notamment, qui reprend le vers 696). N'est-ce pas Flaminius lui-même qui lui a fourni l'occasion de se ressaisir? — Commentez *sans intérêt* au vers 713. De quel genre d'intérêt s'agit-il? Politique ou amoureux? Y a-t-il de l'ironie (voir vers 705)? Flaminius comme Prusias ne connaissent-ils pas l'amour que Nicomède porte à Laodice? Montrez qu'il ne cherche en rien à le dissimuler.

■ Vers-720-727. L'interrogation de Prusias (vers 720) est-elle une provocation nouvelle? Ou bien est-ce une capitulation devant son fils? Comment l'interprétez-vous? — Partagez-vous l'avis de Voltaire lorsqu'il écrit : « Cette interrogation de Prusias, qui n'a rien dit pendant le cours de la scène, n'a-t-elle pas quelque chose de comique? » — Montrez que Nicomède place délibérément dans le conflit un quatrième personnage, Arsinoé (vers 721). Ne commet-il pas cependant une nouvelle maladresse en mêlant le nom de la reine à cette discussion? En quoi cette imprudence montre-t-elle qu'il n'a pas conscience du rôle qu'on lui fait jouer? Est-il entièrement maître de lui dans cette scène, malgré le sang-froid qu'il affecte? — L'emportement de Prusias est-il feint (vers 723)? Nicomède va-t-il tomber dans ce nouveau piège que lui tend Prusias? Montrez que Nicomède, sûr de sa puissance, « finit l'entretien comme il l'a commencé » (Naudet) et que sa menace finale même, prière impérieuse, est une ironie que Condé n'eût pas désavouée.

A traiter Laodice en reine comme elle est :
C'est moi qui vous en prie.

SCÈNE IV. — PRUSIAS, FLAMINIUS, ARASPE

FLAMINIUS

Eh quoi! toujours obstacle[1]?

PRUSIAS

De la part d'un amant ce n'est pas grand miracle.
Cet orgueilleux esprit, enflé de ses succès[2],
Pense bien de son cœur[3] nous empêcher l'accès;
Mais il faut que chacun suive sa destinée.
L'amour entre les rois ne fait pas l'hyménée,
Et les raisons d'État, plus fortes que ses nœuds,
Trouvent bien les moyens d'en éteindre les feux.

FLAMINIUS

Comme elle a de l'amour, elle aura du caprice.

---

1. Nicomède sera-t-il toujours un obstacle à nos projets? (Tour elliptique); **2.** *Var. :* « Cet esprit arrogant et fier de ce succès » (1651-1656); **3.** Le cœur de Laodice.

QUESTIONS

■ SUR L'ENSEMBLE DE LA SCÈNE III. — Quel est l'intérêt psychologique et dramatique de cette scène? Comment nuance-t-elle les caractères de Nicomède et de Prusias? Que nous apprend-elle du personnage de Flaminius?

— Étudiez la progression dramatique et l'art avec lequel Corneille a su conduire le dialogue et composer cette scène.

— Relevez les diverses formes de l'ironie dans le langage de Nicomède (raillerie, fausse naïveté, reprise d'expressions, sarcasme, insulte, défi, dédain, etc.).

— Les éléments de comique et de tragique dans cette scène.

— La politique romaine, d'après les répliques de Flaminius et de Nicomède. (Voir également Corneille [Au lecteur], Bossuet [*Discours sur l'histoire universelle*, III, VI] et Montesquieu [*Considérations*, VI].)

— Montrez que si dans cette scène Nicomède a le beau rôle, c'est Prusias qui triomphe en secret et qui est ravi du plein succès de sa ruse. Toutefois, n'a-t-on pas senti, tout au long de cette scène, une certaine inquiétude ternir cette satisfaction et cette joie?

— La fin de la scène ne nous laisse-t-elle pas dans l'incertitude sur les événements à venir? Quelle est l'entrevue que l'on attend?

PRUSIAS

Non, non : je vous réponds, Seigneur, de Laodice;
Mais enfin elle est reine, et cette qualité
Semble exiger de nous quelque civilité[1].
J'ai sur elle après tout une puissance entière;
Mais j'aime à la cacher sous le nom de prière.
Rendons-lui donc visite et, comme ambassadeur,
Proposez cet hymen vous-même à sa grandeur*.
Je seconderai Rome et veux vous introduire.
Puisqu'elle est en nos mains, l'amour ne vous peut nuire[2].
Allons de sa réponse à votre compliment
Prendre l'occasion de parler hautement*.

ACTE III

SCÈNE PREMIÈRE. — PRUSIAS, FLAMINIUS, LAODICE

PRUSIAS

Reine, puisque ce titre a pour vous tant de charmes,
Sa perte vous devrait donner quelques alarmes :
Qui tranche[3] trop du roi ne règne pas longtemps.

---

1. *Var. :* « Semble exiger de nous quelque formalité » (1651-1656); 2. *Var. :* « Puisqu'elle est en nos mains, l'amour ne nous peut nuire » (1651-1656); 3. *Trancher de :* se donner des airs de.

QUESTIONS

■ SUR LA SCÈNE IV. — Comment justifiez-vous le ton de Flaminius au début de cette scène?

— Prusias se montre bavard dans cette scène. N'a-t-il pas eu le temps de préparer cette mise au point pour mettre fin honorablement à l'entretien en s'assurant la complicité de Flaminius?

— Les vers 739-740 ne sont-ils pas plaisants et ingénus si l'on se rappelle les paroles de Laodice dans la scène II de l'acte premier (vers 150)?

— Montrez que le trait final n'est pas le moins plaisant. Il nous révèle le tyranneau lâche et brutal. Prusias n'attend-il pas un refus de Laodice, une réponse défavorable aux projets de Flaminius, pour pouvoir exercer sa force et se convaincre par là de son autorité, mais sans prendre d'initiative?

■ SUR L'ENSEMBLE DE L'ACTE II. — Étudiez la progression de l'action au cours de l'acte II : l'enchaînement des scènes et la coalition des intérêts contre le héros.

— Montrez que l'acte se termine sur une attente : les menaces qui pèsent sur Nicomède se sont précisées, une démarche décisive va être entreprise auprès de Laodice pour qu'elle accepte d'épouser Attale.

LAODICE

J'observerai, Seigneur, ces avis importants;
Et, si jamais je règne, on verra la pratique
D'une si salutaire et noble politique.

PRUSIAS

Vous vous mettez fort mal au chemin de régner.

LAODICE

Seigneur, si je m'égare, on peut me l'enseigner.

PRUSIAS

Vous méprisez trop Rome, et vous devriez faire
Plus d'estime* d'un roi qui vous tient lieu de père.

LAODICE

Vous verriez qu'à tous deux je rends ce que je doi[1],
Si vous vouliez mieux voir ce que c'est qu'être roi.
Recevoir ambassade en qualité de reine,
Ce serait à vos yeux faire la souveraine,
Entreprendre sur vous et dedans votre État
Sur votre autorité commettre un attentat.
Je la[2] refuse donc, Seigneur, et me dénie
L'honneur qui ne m'est dû que dans mon Arménie.
C'est là que sur mon trône avec plus de splendeur
Je puis honorer Rome en son ambassadeur,

---

1. *Doi :* voir vers 33 et la note; 2. *La :* l'ambassade; voir la note du vers 190.

QUESTIONS

● VERS 747-774. Prusias tient-il sa promesse? Se borne-t-il à *introduire* Flaminius? Ne parle-t-il pas trop, et précisément le langage le moins propre à convaincre Laodice, qu'il connaît mal, la jugeant d'après lui? Montrez qu'il a la hardiesse du lâche devant plus faible que lui, mais qu'il est maladroit et brutal dans cette négociation délicate. — Étudiez le langage de Laodice : simplicité, fermeté, ironie, familiarités parfois, raillerie cachée sous une feinte humilité, bravades. En analysant les pensées et même les expressions, montrez qu'il y a entre Nicomède et elle une parfaite communauté de sentiments. Expliquez l'emploi du possessif aux vers 764-765. — Étudiez le rythme oratoire de la fin du couplet de Laodice (vers 769-774). Cette fierté un peu tendue, ce langage déclamatoire ne sont-ils pas communs à la plupart des princesses cornéliennes? A quelles autres héroïnes de Corneille Laodice nous fait-elle penser ici?

Faire réponse en reine, et comme le mérite
Et de qui l'on me parle, et qui m'en sollicite.
Ici c'est un métier que je n'entends pas bien,
Car hors de l'Arménie enfin je ne suis rien;
Et ce grand* nom de reine ailleurs ne m'autorise[1]
Qu'à n'y voir point de trône à qui je sois soumise,
A vivre indépendante, et n'avoir en tous lieux
Pour souverains que moi, la raison, et les Dieux.

PRUSIAS

Ces Dieux, vos souverains, et le Roi, votre père,
De leur pouvoir sur vous m'ont fait dépositaire;
Et vous pourrez peut-être apprendre une autre fois
Ce que c'est en tous lieux que la raison des rois.
Pour en faire l'épreuve allons en Arménie :
Je vais vous y remettre en bonne compagnie[2];
Partons; et dès demain, puisque vous le voulez,
Préparez-vous à voir vos pays désolés[3];
Préparez-vous à voir par toute votre terre
Ce qu'ont de plus affreux les fureurs* de la guerre,
Des montagnes de morts, des rivières de sang.

LAODICE

Je perdrai mes États et garderai mon rang;
Et ces vastes malheurs où mon orgueil me jette
Me feront votre esclave, et non votre sujette :
Ma vie est en vos mains, mais non ma dignité.

PRUSIAS

Nous ferons bien changer ce courage* indompté[4];
Et quand vos yeux, frappés de toutes ces misères,
Verront Attale assis au trône de vos pères,
Alors peut-être, alors vous le prierez en vain
Que pour y remonter il vous donne la main[5].

---

1. *Var.* (vers 771-773) :

Tout ce qu'au nom de reine ailleurs le ciel permette,
C'est la gloire d'y vivre et n'être point sujette,
D'y régner sur moi-même... (1651-1656).

2. *En bonne compagnie :* en compagnie nombreuse, c'est-à-dire avec une armée pour escorte; **3.** *Désolés :* dévastés; **4.** *Var. :* « Nous verrons bien changer ce courage indompté » (1651-1656); **5.** *Donner la main :* épouser.

LAODICE

Si jamais jusque-là votre guerre m'engage,
Je serai bien changée et d'âme et de courage*.
Mais peut-être, Seigneur, vous n'irez pas si loin :
Les Dieux de ma fortune auront un peu de soin;
Ils vous inspireront, ou trouveront un homme
Contre tant de héros que vous prêtera Rome.

PRUSIAS

Sur un présomptueux vous fondez votre appui;
Mais il court à sa perte et vous traîne[1] avec lui.
Pensez-y bien, Madame, et faites-vous justice :
Choisissez d'être reine ou d'être Laodice;
Et pour dernier avis que vous aurez de moi,
Si vous voulez régner, faites Attale roi.
Adieu.

1. *Traîner* : entraîner.

QUESTIONS

● VERS 775-807. Montrez que Prusias devient, à son tour, ironique. Appréciez cette ironie. — Voltaire écrit à propos du vers 785 : « Le faible Prusias, qui parle tout d'un coup de montagnes de morts à une jeune princesse, ne ressemble-t-il pas trop à ces personnages de comédie qui tremblent devant les forts et qui sont hardis avec les faibles? » N'est-ce pas justement le caractère que l'auteur a voulu mettre en relief? — Ce vain fracas de menaces ne rehausse-t-il pas le calme et la fermeté de Laodice tout en exaspérant Prusias, qui, repoussé et humilié, menace et s'emporte? Montrez que par l'emploi ironique du terme *vastes*, sur lequel doit porter l'accent au vers 787, Laodice veut laisser entendre à Prusias qu'elle n'est pas dupe de ses rodomontades. D'où lui vient son inébranlable fermeté? — L'allusion à Nicomède (vers 799-800) : pourquoi Laodice a-t-elle réservé jusqu'ici cet argument qui lui paraît décisif? Est-ce habile ou dangereux, dans la situation présente, de proclamer ainsi sa solidarité avec Nicomède?

■ SUR L'ENSEMBLE DE LA SCÈNE PREMIÈRE. — Partagez-vous l'opinion de Voltaire lorsqu'il écrit : « Cette scène de petites bravades, de petites picoteries, de petites discussions entre Prusias et Laodice n'a rien de tragique, et Flaminius qui ne dit mot est insupportable »? Le silence de Flaminius est-il condamnable? Ne faudrait-il pas, pour que la critique porte, que Flaminius sorte en même temps que Prusias? Est-ce le cas? Le plan élaboré à la fin de l'acte II a-t-il été suivi? Prusias s'est-il contenté du rôle modeste d'introducteur (voir vers 743)? N'a-t-il pas voulu, en déployant librement son éloquence, briller devant l'ambassadeur romain?

— Après le départ cassant de Prusias, qui laisse en tête à tête Laodice et Flaminius, où réside désormais l'intérêt dramatique?

SCÈNE II. — FLAMINIUS, LAODICE

FLAMINIUS

Madame, enfin une vertu* parfaite...

LAODICE

Suivez le Roi, Seigneur, votre ambassade est faite;
Et je vous dis encor, pour ne vous point flatter,
Qu'ici je ne la dois ni la veux écouter.

FLAMINIUS

Et je vous parle aussi[1], dans ce péril extrême,
Moins en ambassadeur qu'en homme qui vous aime,
Et qui, touché du sort que vous vous préparez,
Tâche à rompre* le cours des maux où vous courez.
J'ose donc comme ami vous dire en confidence
Qu'une vertu* parfaite a besoin de prudence
Et doit considérer, pour son propre intérêt,
Et les temps où l'on vit, et les lieux où l'on est.
La grandeur* de courage* en une âme royale
N'est sans cette vertu*[2] qu'une vertu brutale[3],
Que son mérite aveugle, et qu'un faux jour d'honneur[4]
Jette en un tel divorce[5] avec le vrai bonheur,
Qu'elle-même se livre à ce qu'elle doit craindre,
Ne se fait admirer que pour se faire plaindre,
Que pour nous pouvoir dire, après un grand soupir :
« J'avais droit de régner et n'ai su m'en servir. »
Vous irritez un roi dont vous voyez l'armée

---

1. C'est pourquoi je vous parle; 2. *Cette vertu :* la prudence; 3. *Brutale :* qui ne sait pas se régler, instinctive; 4. *Un faux jour d'honneur :* un aspect trompeur, une fausse idée de l'honneur; 5. *Divorce :* rupture, séparation.

QUESTIONS

● VERS 807-829. Le ton de Flaminius est-il le même que celui de Prusias? Pourquoi Laodice interrompt-elle, dès le premier mot, le plaidoyer préparé? — Montrez que Flaminius mêle, avec plus de discrétion que Prusias, les menaces voilées aux insinuations et aux conseils. Par quels moyens essaie-t-il de capter la confiance de Laodice? Comment fait-il la critique de toutes les valeurs dont se réclame l'héroïsme cornélien (vertu, honneur, mérite, etc.)? Est-il adroit, cependant, lorsqu'il évoque la puissante armée du roi?

Nombreuse, obéissante, à vaincre accoutumée;
Vous êtes en ses mains, vous vivez dans sa cour.

LAODICE

Je ne sais si l'honneur eut jamais un faux jour[1],
Seigneur; mais je veux bien vous répondre en amie.
Ma prudence n'est pas tout à fait endormie[2];
Et sans examiner par quel destin jaloux
La grandeur* de courage* est si mal avec vous,
Je veux vous faire voir que celle que j'étale
N'est pas tant qu'il vous semble une vertu* brutale;
Que si j'ai droit au trône, elle s'en veut servir,
Et sait bien repousser qui me le veut ravir.
Je vois sur la frontière une puissante armée,
Comme vous l'avez dit, à vaincre accoutumée;
Mais par quelle conduite, et sous quel général?
Le Roi, s'il s'en fait fort[3], pourrait s'en trouver mal;
Et s'il voulait passer de son pays au nôtre,
Je lui conseillerais de s'assurer d'une autre.
Mais je vis dans sa cour, je suis dans ses États,
Et j'ai peu de raison de ne le craindre pas.
Seigneur, dans sa cour même, et hors de l'Arménie,
La vertu* trouve appui contre la tyrannie.
Tout son peuple a des yeux pour voir quel attentat
Font sur le bien public les maximes d'État :
Il connaît Nicomède, il connaît sa marâtre,
Il en sait, il en voit la haine opiniâtre;
Il voit la servitude où le roi s'est soumis,
Et connaît d'autant mieux les dangereux amis.
Pour moi, que vous croyez au bord du précipice,
Bien loin de mépriser Attale par caprice,
J'évite les mépris qu'il recevrait de moi,
S'il tenait de ma main la qualité de roi.
Je le regarderais comme une âme commune,
Comme un homme mieux né pour une autre fortune,
Plus mon sujet qu'époux, et le nœud conjugal
Ne le tirerait pas de ce rang inégal.
Mon peuple à mon exemple en ferait peu d'estime*.

1. *Un faux jour :* voir vers 821; 2. Expression précieuse, ridiculisée par Molière dans le sonnet de Trissotin (*les Femmes savantes*, III, II), naturelle ici; 3. Si le roi compte sur cette armée, s'il croit pouvoir s'appuyer sur elle (sens propre).

Ce serait trop, Seigneur, pour un cœur magnanime :
Mon refus lui fait grâce, et malgré ses désirs
J'épargne à sa vertu* d'éternels déplaisirs*.

FLAMINIUS

Si vous me dites vrai, vous êtes ici reine :
Sur l'armée et la cour je vous vois souveraine;
Le Roi n'est qu'une idée[1] et n'a, de son pouvoir,
Que ce que par pitié vous lui laissez avoir.
Quoi? même vous allez jusques à faire grâce!
Après cela, Madame, excusez mon audace;
Souffrez que Rome enfin vous parle par ma voix :
Recevoir ambassade est encor de vos droits;
Ou, si ce nom vous choque ailleurs qu'en Arménie,
Comme simple Romain souffrez que je vous die
Qu'être allié de Rome, et s'en faire un appui,
C'est l'unique moyen de régner aujourd'hui;
Que c'est par là qu'on tient ses voisins en contrainte,
Ses peuples en repos, ses ennemis en crainte;
Qu'un prince est dans son trône[2] à jamais affermi
Quand il est honoré du nom de son ami;
Qu'Attale avec ce titre est plus roi, plus monarque[3]
Que tous ceux dont le front ose en porter la marque;
Et qu'enfin...

---

1. *Idée :* image, fantôme, apparence (sens étymologique); **2.** *Dans son trône* (et non « sur son trône »). Le mot *trône* désignait non seulement le siège royal lui-même, mais l'endroit entouré de balustres où ce siège était enfermé; **3.** *Monarque :* seul souverain (sens étymologique).

QUESTIONS

● VERS 830-866. Montrez que ce discours de Laodice est dans le ton ironique et qu'il reprend les expressions mêmes de Flaminius pour les retourner contre lui. Remarquez dans cette tirade la solide dialectique de la raisonneuse Laodice. En quoi se révèle-t-elle encore ici en parfaite harmonie de pensée avec Nicomède? — Les vers 845-846 ne supposent-ils pas une objection? N'est-ce pas l'occasion d'une première allusion à ce *peuple* que Laodice soulèvera au cinquième acte? « Ces vers, écrit Voltaire, sont ingénieusement placés pour préparer la révolte qui s'élève au cinquième acte. Reste à savoir s'ils la préparent assez et s'ils suffisent pour la rendre vraisemblable. » Montrez qu'aux vers 855-862 Laodice parle en véritable héroïne cornélienne, incapable d'aimer celui qu'elle n'admire pas et qui tiendrait, si elle l'épousait, tout d'elle. Donnez d'autres exemples de cette conception de l'amour fondée sur l'estime.

LAODICE

Il suffit; je vois bien ce que c'est :
Tous les rois ne sont rois qu'autant comme il vous plaît;
Mais si, de leurs États, Rome à son gré dispose,
Certes pour son Attale elle fait peu de chose,
Et qui tient en sa main tant de quoi lui donner
A mendier pour lui devrait moins s'obstiner.
Pour un prince si cher sa réserve m'étonne[1];
Que ne me l'offre-t-elle avec une couronne?
C'est trop m'importuner en faveur d'un sujet,
Moi qui tiendrais un roi pour un indigne objet*,
S'il venait par votre ordre, et si votre alliance
Souillait entre ses mains la suprême puissance.
Ce sont des sentiments que je ne puis trahir[2] :
Je ne veux point de rois qui sachent obéir;
Et puisque vous voyez mon âme tout entière,
Seigneur, ne perdez plus menace ni prière.

FLAMINIUS

Puis-je ne pas vous plaindre en cet aveuglement?
Madame, encore un coup[3], pensez-y mûrement :
Songez mieux ce qu'est Rome et ce qu'elle peut faire,
Et si vous vous aimez, craignez de lui déplaire.
Carthage étant détruite[4], Antiochus défait[5],

---

1. *Var. :* « Si son intention pour ce prince est si bonne » (1651-1656); 2. *Trahir ses sentiments :* parler contre ses sentiments, et non pas les laisser deviner (*trahir*, ici, signifie « démentir, renier »); 3. Voir vers 202 et la note; 4. Carthage n'est pas encore complètement détruite. Mais après la deuxième guerre punique elle a signé un traité humiliant (202) et a perdu le plus clair de ses forces. Ici, il ne peut être question que de cette défaite, puisque ce n'est qu'en 146 que Carthage sera anéantie à la fin de la troisième guerre punique; 5. Antiochus fut battu à Magnésie en 190 avant J.-C.

QUESTIONS

● VERS 867-885. A quel vers de Laodice répond ironiquement le vers 871? — Montrez le changement de ton à partir du vers 872. Croyez-vous, comme l'affirme E. Desjardins dans *le Grand Corneille historien* (1861), que « Flaminius sauve par la hauteur du langage, par les invincibles arguments du fait accompli et le sentiment des hautes destinées de son pays, ce que sa mission peut avoir d'odieux et la diplomatie du sénat de perfide »? Si les affirmations de Flaminius sont propres à terrifier Prusias, ne sont-elles pas faites pour blesser l'orgueil altier de Laodice? — L'ambassadeur romain a-t-il des chances de réussir par la persuasion là où Prusias a échoué en faisant usage de la menace?

Rien de nos volontés ne peut troubler l'effet* :
Tout fléchit sur la terre et tout tremble sur l'onde;
Et Rome est aujourd'hui la maîtresse du monde.

LAODICE

La maîtresse du monde! Ah! vous me feriez peur,
S'il ne s'en fallait pas l'Arménie et mon cœur,
Si le grand* Annibal n'avait qui lui succède,
S'il ne revivait pas au prince[1] Nicomède,
Et s'il n'avait laissé dans de si dignes mains
L'infaillible secret de vaincre les Romains.
Un si vaillant disciple aura bien le courage*
D'en mettre jusqu'au bout les leçons en usage :
L'Asie en fait l'épreuve, où trois sceptres conquis
Font voir en quelle école il en a tant appris.
Ce sont des coups d'essai, mais si grands* que peut-être
Le Capitole[2] a droit d'en craindre un coup de maître,
Et qu'il ne puisse un jour...

FLAMINIUS

Ce jour est encor loin,
Madame, et quelques-uns vous diront, au besoin,
Quels dieux du haut en bas renversent les profanes[3],

---

1. Chez le prince (voir vers 478); 2. *Le Capitole :* pris ici comme symbole de la puissance romaine; 3. *Profane :* profanateur.

QUESTIONS

● VERS 885-926. Cet énergique élan d'indignation qui anime Laodice ne montre-t-il pas une âme digne de Nicomède? Un critique a écrit : « C'est ici que la grandeur du sentiment ennoblit l'expression, et fait monter l'ironie à la hauteur de la tragédie [...], cette expression, objet de la critique : *Ah! vous me feriez peur*, et d'ailleurs si vigoureusement relevée ensuite, semble très heureuse, parce qu'elle allie une délicatesse de femme à toute cette mâle éloquence. » Voltaire écrivait de son côté de cette scène II : « Ces malheureuses contestations, ces froides discussions politiques qui ne riment à rien, qui n'ont rien de tragique ni d'intéressant, sont, aujourd'hui bannies du théâtre. Flaminius et Laodice ne parlent que pour parler. Quelle différence entre Acomat dans *Bajazet* et Flaminius dans *Nicomède!* Dans *Nicomède*, tout est petit, presque tout est grossier. » Quelle opinion partagez-vous? Où Laodice trouve-t-elle la force de braver en face Flaminius? Que peut-elle opposer à l'ambassadeur romain? — Le langage de Flaminius dans cette fin de scène : l'ambassadeur est-il à la hauteur de la situation pour défendre le prestige de Rome face à la résistance des souverains orientaux? — L'allusion à Annibal : comment le Romain retourne-t-il ici l'argument que Nicomède lui a déjà lancé à la face?

Et que, même au sortir de Trébie et de Cannes,
Son ombre épouvanta votre grand* Annibal[1].
Mais le voici, ce bras à Rome si fatal.

SCÈNE III. — NICOMÈDE, LAODICE, FLAMINIUS

NICOMÈDE

Ou Rome à ses agents donne un pouvoir bien large,
Ou vous êtes bien long à faire votre charge.

FLAMINIUS

Je sais quel est mon ordre, et si j'en sors ou non,
C'est à d'autres qu'à vous que j'en rendrai raison[2].

NICOMÈDE

Allez-y donc, de grâce, et laissez à ma flamme
Le bonheur à son tour d'entretenir Madame :
Vous avez dans son cœur fait de si grands* progrès
Et vos discours pour elle ont de si grands* attraits
Que sans de grands* efforts je n'y pourrai détruire
Ce que votre harangue y voulait introduire.

FLAMINIUS

Les malheurs où la plonge une indigne amitié
Me faisaient lui donner un conseil par pitié.

NICOMÈDE

Lui donner de la sorte un conseil charitable,
C'est être ambassadeur et tendre et pitoyable.

---

1. Annibal, après ses victoires de la Trébie et de Cannes, n'osa pas marcher sur Rome (216 avant J.-C.); Flaminius se dispense évidemment d'évoquer la troisième victoire d'Annibal, celle du lac Trasimène (voir vers 583-584 et 620); 2. *Rendre raison :* rendre compte. (Voir note du vers 581.)

QUESTIONS

■ SUR L'ENSEMBLE DE LA SCÈNE II. — Analysez les divers mouvements de cette scène, tout en montrant l'argumentation serrée des plaidoyers qui s'opposent.

— Étudiez dans cette scène l'histoire et la politique au service de l'intérêt dramatique.

— Après que Laodice a « claironné » le nom menaçant de l'élève d'Annibal, l'entrée de Nicomède ne prend-elle pas une valeur dramatique plus grande?

— Comparez cette scène à la scène III de l'acte II : ressemblances et différences. Quel est le bilan diplomatique des deux entretiens de l'ambassadeur romain avec Nicomède puis avec Laodice?

Vous a-t-il conseillé beaucoup de lâchetés,
Madame?

FLAMINIUS

Ah! c'en est trop; et vous vous emportez.

NICOMÈDE

Je m'emporte?

FLAMINIUS

Sachez qu'il n'est point de contrée
Où d'un ambassadeur la dignité sacrée...

NICOMÈDE

Ne nous vantez plus tant son rang et sa splendeur[1] :
Qui fait le conseiller n'est plus ambassadeur;
Il excède sa charge, et lui-même y renonce.
Mais dites-moi, Madame, a-t-il eu sa réponse?

LAODICE

Oui, Seigneur.

NICOMÈDE

Sachez donc que je ne vous prends plus
Que pour l'agent d'Attale et pour Flaminius;
Et, si vous me fâchez, j'ajouterais peut-être
Que pour l'empoisonneur d'Annibal, de mon maître.
Voilà tous les honneurs que vous aurez de moi :
S'ils ne vous satisfont, allez vous plaindre au Roi.

FLAMINIUS

Il me fera justice, encor qu'il soit bon père,
Ou Rome à son refus se la saura bien faire.

---

1. Le rang et la splendeur de la dignité d'ambassadeur.

QUESTIONS

■ Sur la scène III. — Pourquoi Nicomède ne s'informe-t-il pas des résultats de l'entretien? Montrez que la brusquerie familière avec laquelle Nicomède fait son entrée est bien dans le ton général de son caractère. Pourquoi ses insolences atteignent-elles une telle outrance? (Voir notamment le vers 941.)

— Comment Flaminius subit-il ces railleries outrageantes?

— La vraisemblance vous semble-t-elle respectée dans cette scène? Suffit-il pour la sauver de constater, comme le dit et le sent fort nettement Nicomède au vers 946, que Flaminius ne parle plus qu'en son propre nom? Nicomède a déjà répondu à l'ambassadeur (acte II), il répondrait ici à l'homme.

— Quoi qu'il en dise, Nicomède ne s'emporte-t-il pas? N'était-il pas plus fort lorsqu'il gardait sa froideur ironique et tranquille?

NICOMÈDE

Allez de l'un et l'autre embrasser les genoux.

FLAMINIUS

Les effets* répondront. Prince, pensez à vous.

SCÈNE IV. — NICOMÈDE, LAODICE

NICOMÈDE

Cet avis est plus propre à[1] donner à la reine.
Ma générosité* cède enfin à sa haine :
Je l'épargnais assez pour ne découvrir pas
Les infâmes projets de ses assassinats;
Mais enfin on m'y force et tout son crime éclate.
J'ai fait entendre au roi Zénon[2] et Métrobate;
Et comme leur rapport a de quoi l'étonner,
Lui-même il prend le soin de les examiner.

LAODICE

Je ne sais pas, Seigneur, quelle en sera la suite;
Mais je ne comprends point toute cette conduite,
Ni comme à cet éclat la reine vous contraint.
Plus elle vous doit craindre et moins elle vous craint;
Et plus vous la pouvez accabler d'infamie,
Plus elle vous attaque en mortelle ennemie.

NICOMÈDE

Elle prévient ma plainte, et cherche adroitement
A la faire passer pour un ressentiment;
Et ce masque trompeur de fausse hardiesse
Nous déguise sa crainte et couvre sa faiblesse.

LAODICE

Les mystères de cour souvent sont si cachés
Que les plus clairvoyants y sont bien empêchés[3].
Lorsque vous n'étiez point ici pour me défendre,
Je n'avais contre Attale aucun combat à rendre;
Rome ne songeait point à troubler notre amour :
Bien plus, on ne vous souffre ici que ce seul jour;
Et dans ce même jour, Rome, en votre présence,
Avec chaleur pour lui presse mon alliance.

---

1. Emploi fréquent, au XVIIe siècle, d'un infinitif prépositionnel à valeur de passif; 2. *Zénon :* l'autre traître, personnage imaginaire; 3. *Empêchés :* embarrassés.

Pour moi, je ne vois goutte[1] en ce raisonnement,
Qui n'attend point le temps de votre éloignement,
Et j'ai devant les yeux toujours quelque nuage
Qui m'offusque la vue et m'y jette un ombrage*.
Le Roi chérit sa femme, il craint Rome; et, pour vous,
S'il ne voit vos hauts faits d'un œil un peu jaloux[2],
Du moins, à dire tout, je ne saurais vous taire
Qu'il est trop bon mari pour être assez bon père.
Voyez quel contretemps Attale prend ici[3]!
Qui[4] l'appelle avec nous? quel projet? quel souci?
Je conçois mal, Seigneur, ce qu'il faut que j'en pense,
Mais j'en romprai* le coup[5], s'il y faut ma présence.
Je vous quitte.

SCÈNE V. — NICOMÈDE, ATTALE, LAODICE

ATTALE

Madame, un si doux entretien
N'est plus charmant pour vous quand j'y mêle le mien.

LAODICE

Votre importunité, que j'ose dire extrême,
Me peut entretenir en un autre moi-même :
Il connaît tout mon cœur et répondra pour moi,
Comme à Flaminius il a fait pour le Roi.

---

1. La négation *ne ... goutte* ne devient familière que dans la seconde moitié du XVIIe siècle; 2. *Var.* (vers 990-991) :
Le bruit de votre nom ne le rend pas jaloux,
Je n'ose le penser, mais je ne puis vous taire (1651-1656);
3. *Prendre un contretemps :* arriver à un moment inopportun; 4. *Qui :* voir vers 249 et la note; 5. *Rompre le coup :* voir vers 77 et la note.

QUESTIONS

■ SUR LA SCÈNE IV. — Quels événements se sont produits pendant que Laodice s'entretenait avec Flaminius? Pourquoi Nicomède s'imagine-t-il avoir retourné la situation en sa faveur?

— La clairvoyance de Laodice : pourquoi connaît-elle mieux que Nicomède la cour et ses intrigues? Comment se précise le portrait qu'elle a fait de Prusias aux vers 11-13?

— Ses pressentiments n'annoncent-ils pas ce qui va suivre? Dans quelle mesure Laodice fait-elle ici, à l'usage du spectateur, un résumé tout à fait clair de la situation au milieu de la tragédie?

■ SUR LA SCÈNE V. — En voyant Laodice traiter si rudement Attale, prend-on en pitié ce soupirant toujours éconduit, toujours bafoué?

— Comment Laodice quitte-t-elle la scène? Ne semble-t-elle pas donner le ton à Nicomède?

SCÈNE VI. — NICOMÈDE, ATTALE

ATTALE

Puisque c'est la chasser, Seigneur, je me retire.

NICOMÈDE

Non, non, j'ai quelque chose aussi bien à vous dire,
Prince. J'avais mis bas[1], avec le nom d'aîné,
L'avantage du trône où je suis destiné;
Et, voulant seul ici défendre ce que j'aime,
Je vous avais prié de l'attaquer de même
Et de ne mêler point surtout dans vos desseins
Ni le secours du Roi, ni celui des Romains.
Mais, ou vous n'avez pas la mémoire fort bonne,
Ou vous n'y mettez rien de ce qu'on vous ordonne.

ATTALE

Seigneur, vous me forcez à m'en souvenir mal,
Quand vous n'achevez pas de rendre tout égal :
Vous vous défaites bien de quelques droits d'aînesse;
Mais vous défaites-vous du cœur de la Princesse,
De toutes les vertus* qui vous en font aimer,
Des hautes* qualités qui savent tout charmer[2],
Des trois sceptres conquis, du gain de six batailles,
Des glorieux assauts de plus de cent murailles?
Avec de tels seconds[3] rien n'est pour vous douteux.
Rendez donc la Princesse égale[4] entre nous deux :
Ne lui laissez plus voir ce long amas de gloire
Qu'à pleines mains sur vous a versé la victoire;
Et faites qu'elle puisse oublier une fois
Et vos rares vertus* et vos fameux exploits;
Ou contre son amour, contre votre vaillance,
Souffrez Rome et le Roi dedans l'autre balance :
Le peu qu'ils ont gagné vous fait assez juger
Qu'ils n'y mettront jamais qu'un contrepoids léger.

---

1. *Mettre bas :* renoncer à, déposer, comme dans l'expression « mettre bas les armes »; 2. *Charmer :* ensorceler (sens étymologique); 3. *Seconds :* auxiliaires des duellistes principaux. Le *second*, c'est celui qui assiste quelqu'un dans un duel, mais aussi dans toute entreprise; 4. *Egale :* pareillement disposée. (Voir vers 445.)

NICOMÈDE

C'est n'avoir pas perdu tout votre temps à Rome
Que vous savoir ainsi défendre en galant homme :
Vous avez de l'esprit, si vous n'avez du cœur.

SCÈNE VII. — ARSINOÉ, NICOMÈDE, ATTALE, ARASPE

ARASPE

Seigneur, le Roi vous mande.

NICOMÈDE

Il me mande?

ARASPE

Oui, Seigneur.

ARSINOÉ

Prince, la calomnie est aisée à détruire.

NICOMÈDE

J'ignore à quel sujet vous m'en venez instruire,
Moi qui ne doute point de cette vérité,
Madame.

ARSINOÉ

Si jamais vous n'en aviez douté,
Prince, vous n'auriez pas, sous[1] l'espoir qui vous flatte,
Amené de si loin Zénon et Métrobate.

---

1. *Sous* : dans. Emploi fréquent à cette date.

QUESTIONS

■ SUR LA SCÈNE VI. — N'y a-t-il pas une certaine gêne à voir ainsi humilier Attale? Justifiez la dureté et l'injustice de Nicomède à son égard. Est-il, aux yeux de Nicomède, autre chose que l'amant importun de Laodice, que l'élève et l'esclave des Romains? La déférence souriante d'Attale, sa bonne grâce à répondre aux provocations par des compliments ne méritaient-elles pas mieux que l'éloge insultant que lui jette Nicomède (vers 1033) après lui avoir accordé son attention?

— Nicomède peut-il prévoir la transformation qui s'opérera dans le caractère d'Attale? Celui-ci la prévoit-il lui-même? Quand sera-t-il amené à y voir plus clair et à se dégager de la tutelle de Rome?

NICOMÈDE

Je m'obstinais, Madame, à tout dissimuler;
Mais vous m'avez forcé de les faire parler.

ARSINOÉ

La vérité les force, et mieux que vos largesses.
Ces hommes du commun tiennent mal leurs promesses :
Tous deux en ont plus dit qu'ils n'avaient résolu.

NICOMÈDE

J'en suis fâché pour vous, mais vous l'avez voulu.

ARSINOÉ

Je le veux bien encore, et je n'en suis fâchée
Que d'avoir vu par là votre vertu* tachée,
Et qu'il faille ajouter à vos titres d'honneur,
La noble qualité de mauvais suborneur.

NICOMÈDE

Je les ai subornés contre vous à ce conte[1]?

ARSINOÉ

J'en ai le déplaisir*, vous en aurez la honte.

NICOMÈDE

Et vous pensez par là leur ôter tout crédit?

ARSINOÉ

Non, Seigneur, je me tiens à ce qu'ils en ont dit.

NICOMÈDE

Qu'ont-ils dit qui vous plaise et que vous vouliez croire?

ARSINOÉ

Deux mots de vérité qui vous comblent de gloire*.

NICOMÈDE

Peut-on savoir de vous ces deux mots importants?

ARASPE

Seigneur, le Roi s'ennuie[2], et vous tardez longtemps

---

1. *Conte :* même étymologie que *compte ;* même emploi; 2. *S'ennuyer :* ici, s'impatienter.

ARSINOÉ

Vous les saurez de lui, c'est trop le faire attendre.

NICOMÈDE

Je commence, Madame, enfin à vous entendre[1] :
Son amour conjugal, chassant le paternel,
Vous fera l'innocente, et moi le criminel.
Mais...

ARSINOÉ

Achevez, Seigneur; ce mais, que veut-il dire?

NICOMÈDE

Deux mots de vérité qui font que je respire.

ARSINOÉ

Peut-on savoir de vous ces deux mots importants?

NICOMÈDE

Vous les saurez du Roi, je tarde trop longtemps.

---

1. *Entendre :* comprendre.

QUESTIONS

■ SUR LA SCÈNE VII. — Depuis quand Arsinoé n'a-t-elle pas paru sur la scène? Comparez son apparition ici avec son entrée à la scène III du premier acte. — Ne vous semble-t-il pas que la reine se fait un plaisir de harceler et de provoquer sans cesse Nicomède? Est-il naturel qu'Araspe parle d'une manière si pressante à un prince tel que Nicomède (vers 1058)? Cette familiarité hardie peut-elle se justifier?

— N'est-on pas ici en pleine comédie? Étudiez les procédés comiques, notamment le parti que Corneille tire du quiproquo.

— Remarquez, à la fin de la scène, l'opposition symétrique des vers. Corneille aime ce procédé des antithèses et des refrains qui était à la mode dans la première partie du XVIIe siècle. Rapprochez et comparez avec le dialogue qui termine la scène III de l'acte II du *Menteur*.

— Étudiez le procédé de la stichomythie. (Voir à ce sujet *la Dramaturgie classique* de J. Schérer, pages 302 et suivantes.) Cette succession de courtes répliques d'égale longueur est « particulièrement apte à l'expression de sentiments, d'idées ou de volontés qui s'opposent » : montrez-le. *Nicomède* comporte cinq stichomythies : I, II (deux exemples); I, III; III, VII; III, VIII. Cette pièce, avec son persiflage presque constant et sa perfide ironie, n'appelait-elle pas la stichomythie? Quel est l'intérêt dramatique de ce persiflage badin?

— Montrez que cette scène est une escarmouche plus brillante qu'utile à l'action.

SCÈNE VIII. — ARSINOÉ, ATTALE

ARSINOÉ

Nous triomphons, Attale; et ce grand* Nicomède
Voit quelle digne issue à ses fourbes* succède.
Les deux accusateurs que lui-même a produits,
Que pour l'assassiner je dois avoir séduits,
Pour me calomnier subornés par lui-même,
N'ont su bien soutenir un si noir stratagème.
Tous deux m'ont accusée, et tous deux avoué
L'infâme et lâche tour qu'un prince m'a joué.
Qu'en présence des rois les vérités sont fortes!
Que pour sortir d'un cœur elles trouvent de portes!
Qu'on en voit le mensonge aisément confondu!
Tous deux voulaient me perdre, et tous deux l'ont perdu.

ATTALE

Je suis ravi de voir qu'une telle imposture
Ait laissé votre gloire* et plus grande* et plus pure;
Mais pour l'examiner et bien voir ce que c'est,
Si vous pouviez vous mettre un peu hors d'intérêt[1],
Vous ne pourriez jamais, sans un peu de scrupule,
Avoir pour deux méchants une âme si crédule.
Ces perfides tous deux se sont dits aujourd'hui
Et subornés par vous, et subornés par lui :
Contre tant de vertus*, contre tant de victoires,
Doit-on quelque croyance à des âmes si noires?
Qui se confesse traître est indigne de foi.

ARSINOÉ

Vous êtes généreux*, Attale, et je le voi[2],
Même de vos rivaux la gloire* vous est chère.

ATTALE

Si je suis son rival, je suis aussi son frère[3];
Nous ne sommes qu'un sang, et ce sang dans mon cœur
A peine à le passer pour[4] calomniateur.

ARSINOÉ

Et vous en avez moins à me croire assassine,
Moi dont la perte est sûre à moins que sa ruine[5]?

---

1. Si vous pouviez cesser d'être intéressée à la perte de Nicomède; **2.** Voir vers 33 et la note; **3.** *Var. :* « Si je suis son rival, Madame, il est mon frère » (1651-1656); **4.** *Passer pour :* regarder comme; **5.** A moins que nous n'osions provoquer sa ruine (tour elliptique).

ATTALE

Si contre lui j'ai peine à croire ces témoins,
Quand ils vous accusaient, je les croyais bien moins[1].
Votre vertu*, Madame, est au-dessus du crime.
Souffrez donc que pour lui je garde un peu d'estime* :
La sienne[2] dans la cour lui fait mille jaloux,
Dont quelqu'un a voulu le perdre auprès de vous;
Et ce lâche attentat n'est qu'un trait de l'envie
Qui s'efforce à noircir une si belle vie.
Pour moi, si par soi-même on peut juger d'autrui,
Ce que je sens en moi, je le présume en lui.
Contre un si grand* rival j'agis à force ouverte,
Sans blesser son honneur, sans pratiquer[3] sa perte.
J'emprunte du secours, et le fais hautement*;
Je crois qu'il n'agit pas moins généreusement*,
Qu'il n'a que les desseins où sa gloire* l'invite,
Et n'oppose à mes vœux que son propre mérite*.

ARSINOÉ

Vous êtes peu du monde, et savez mal la cour.

ATTALE

Est-ce autrement qu'en prince on doit traiter l'amour?

ARSINOÉ

Vous le traitez, mon fils, et parlez en jeune homme.

ATTALE

Madame, je n'ai vu que des vertus* à Rome.

ARSINOÉ

Le temps vous apprendra par de nouveaux emplois
Quelles vertus* il faut à la suite des rois.

---

1. *Var.* : « Quand ils font contre vous je les crois beaucoup moins » (1651-1656); 2. *La sienne* : son estime, au sens de « renommée », tandis qu'au vers précédent *estime* a son sens habituel d'estime que l'on a pour quelqu'un; 3. *Pratiquer* : machiner, tramer par des *pratiques* ou des manœuvres.

QUESTIONS

● VERS 1067-1112. Arsinoé dit-elle la vérité à Attale? Lui découvre-t-elle sa fourberie? Que laisse présager cette première révolte d'Attale, timide encore et assez naïve? — Attale connaît-il l'âme de sa mère? Est-il possible à Arsinoé de se mettre *hors d'intérêt* (vers 1082)? Comment perce dans cette scène la générosité naturelle et juvénile d'Attale? Ne vous semble-t-il pas qu'Arsinoé fait cette découverte avec autant de surprise que d'inquiétude? Pouvait-elle supposer que son propre fils puisse avoir des scrupules?

Cependant, si le Prince est encor votre frère,
Souvenez-vous aussi que je suis votre mère;
Et malgré les soupçons que vous avez conçus,
Venez savoir du Roi ce qu'il croit là-dessus.

QUESTIONS

● VERS 1113-1122. Expliquez le vers 1113. Pour avoir un commentaire éloquent de cette réflexion dédaigneuse d'Arsinoé, vous lirez le tableau que La Bruyère nous trace de la Cour (*les Caractères*, VIII) : « Le reproche en un sens le plus honorable que l'on puisse faire à un homme, c'est de lui dire qu'il ne sait pas la Cour : il n'y a sorte de vertus qu'on ne rassemble en lui par ce seul mot. » — Le vers 1116 ne donne-t-il pas la clef du caractère d'Attale? — Quelles sont les vertus dont veut parler Arsinoé au vers 1118? Pourquoi ne les précise-t-elle pas? Est-ce uniquement pour ne pas révolter la candeur d'Attale? Pour en voir un exposé cynique, lisez les propos de Photin dans *la Mort de Pompée*, I, I, vers 104-112 :

> La justice n'est pas une vertu d'Etat.
> Le choix des actions ou mauvaises ou bonnes
> Ne fait qu'anéantir la force des couronnes;
> Le droit des rois consiste à ne rien épargner :
> La timide équité détruit l'art de régner.
> Quand on craint d'être injuste, on a toujours à craindre;
> Et qui veut tout pouvoir doit oser tout enfreindre,
> Fuir comme un déshonneur la vertu qui le perd,
> Et voler sans scrupule au crime qui lui sert.

Pourquoi Arsinoé reste-t-elle pourtant si discrète maintenant et remet-elle à plus tard l'éducation politique d'Attale?

■ SUR L'ENSEMBLE DE LA SCÈNE VIII. Montrez que cette scène rend au jeune Attale sa dignité et lui gagne la sympathie du spectateur.

— Est-il vrai, comme l'a prétendu un critique, qu'Attale ne tourne à la générosité que lorsque Flaminius lui défend de songer à Laodice? N'y a-t-il pas en lui une générosité naturelle? Essayez d'expliquer sa conversion, ce retour à sa nature généreuse qui l'oppose à la politique d'Arsinoé.

■ SUR L'ENSEMBLE DE L'ACTE III. — Montrez que cet acte est d'abord l'acte de Laodice. Tout, désormais, ne semble-t-il pas dépendre d'elle?

— Étudiez le caractère de Laodice au cours de ces scènes. Qu'a-t-il de cornélien? Quelle est sa conception de la dignité royale, de la gloire, de l'amour, de la vertu? Donnez des exemples. Cherchez pourquoi on a pu dire que Laodice est le seul personnage vraiment romanesque de la pièce.

— Cet acte n'est-il pas aussi l'acte de la révélation d'Attale? — En quoi prépare-t-il le dénouement? Montrez que nous n'avons eu depuis le début aucune péripétie extérieure, que tout ce qui s'est passé n'est que le résultat de prises de position, de luttes psychologiques.

— Quel est l'intérêt dramatique de l'acte III? N'est-on pas dans l'attente? Quelle va être l'attitude de Prusias? La machination d'Arsinoé va-t-elle réussir? Laodice a-t-elle vu clair et ne craint-on pas pour Nicomède? L'attitude d'Attale va-t-elle modifier les circonstances?

NICOMÈDE
(Paul Emile Deiber)
FLAMINIUS
(Jean Davy)
PRUSIAS
(Jean Yonnel)
ARSINOÉ
(Jacqueline
Morane)
ATTALE
(André Falcon)

Comédie-
Française (1956).

Phot. Bernand.

ARSINOÉ
(Judith Mcgre)
ATTALE
(Roger Mollien)
PRUSIAS
(Michel de Ré)

Théâtre nat onal
populaire (1964).

Phot. Pic.

Phot. Bernand.

« Douté-je de son crime ou de votre innocence? » (Vers 1128.)
ARSINOÉ (Jacqueline Morane) et PRUSIAS (Jean Yonnel).
Comédie-Française (1956).

Phot. Bernand.

LAODICE (Geneviève Martinet) et NICOMÈDE (Jean Chevrier).
Comédie-Française (1950).

ACTE IV

SCÈNE PREMIÈRE. — PRUSIAS, ARSINOÉ, ARASPE

PRUSIAS

Faites venir le Prince, Araspe.
(Araspe rentre.)
Et vous, Madame,
Retenez des soupirs dont vous me percez l'âme.
Quel besoin d'accabler mon cœur de vos douleurs[1],
Quand vous y pouvez tout sans le secours des pleurs?
Quel besoin que ces pleurs prennent votre défense?
Douté-je de son crime ou de votre innocence?
Et reconnaissez-vous que tout ce qu'il m'a dit
Par quelque impression ébranle mon esprit?

ARSINOÉ

Ah! Seigneur, est-il rien qui répare l'injure
Que fait à l'innocence un moment d'imposture?
Et peut-on voir mensonge assez tôt avorté
Pour rendre à la vertu* toute sa pureté?
Il en reste toujours quelque indigne mémoire
Qui porte une souillure à la plus haute gloire*.
Combien en votre cour est-il de médisants?
Combien le Prince a-t-il d'aveugles partisans,
Qui, sachant une fois qu'on m'a calomniée,
Croiront que votre amour m'a seul justifiée?
Et si la moindre trace en demeure à mon nom,
Si le moindre du peuple en conserve un soupçon,
Suis-je digne de vous, et de telles alarmes
Touchent-elles trop peu pour mériter mes larmes?

PRUSIAS

Ah! c'est trop de scrupule, et trop mal présumer
D'un mari qui vous aime et qui vous doit aimer.

---

1. *Douleurs* : plaintes.

La gloire* est plus solide après la calomnie,
Et brille d'autant mieux qu'elle s'en vit ternie.
Mais voici Nicomède, et je veux aujourd'hui...

SCÈNE II. — PRUSIAS, ARSINOÉ, NICOMÈDE ARASPE, GARDES

ARSINOÉ

Grâce, grâce, Seigneur, à notre unique[1] appui!
Grâce à tant de lauriers en sa main si fertiles!
Grâce à ce conquérant, à ce preneur de villes!
Grâce...

NICOMÈDE

De quoi, Madame? est-ce d'avoir conquis
Trois sceptres que ma perte expose[2] à votre fils?
D'avoir porté si loin vos armes dans l'Asie,

1. *Unique :* voir vers 493; 2. *Exposer :* livrer, faire tomber aux mains de.

QUESTIONS

■ SUR LA SCÈNE PREMIÈRE. — Voltaire remarque qu' « Arsinoé joue précisément le rôle de la femme du *Malade imaginaire* et Prusias celui du malade qui croit sa femme ».

Relisez cette scène IX de l'acte premier du *Malade imaginaire* et comparez avec les deux premières scènes de l'acte IV pour relever les emprunts possibles de Molière. Cherchez d'autres exemples d'une même situation traitée par un poète tragique et un poète comique, selon la loi du genre.

— Voltaire ajoute : « Très souvent des scènes tragiques ont le même fond que des scènes de comédie. C'est alors qu'il faut faire les plus grands efforts pour fortifier par le style la faiblesse du sujet. On ne peut cacher entièrement le défaut. Mais on l'orne, on l'embellit par le charme de la poésie : ainsi dans *Mithridate* (où le roi abuse Monime en feignant de l'inviter à aimer Xipharès), dans *Britannicus* (où Néron se cache derrière un rideau pour épier l'entretien de Junie avec Britannicus). » Partagez-vous l'opinion de Voltaire, qui voit là un défaut? Avons-nous encore les scrupules de Voltaire sur la dignité tragique?

— Relevez les mots qui nous indiquent l'adroite comédie de la désolation que joue Arsinoé. Ne trouvez-vous pas ridicule la galanterie émue de Prusias?

— Commentez les vers 1131-1136; montrez avec quelle assurance Arsinoé proclame sans scrupule la pureté et l'innocence de son cœur et se montre soucieuse de sa gloire, avec quelle habileté elle prévoit les accusations et les transforme en calomnies avant qu'elles aient été formulées.

— Prusias est-il dupe d'Arsinoé? Quoi qu'il en soit, n'est-ce pas pour lui l'occasion de perdre Nicomède?

Que même votre Rome en a pris jalousie?
D'avoir trop soutenu la majesté des rois,
Trop rempli votre cour du bruit de mes exploits,
Trop du grand* Annibal pratiqué les maximes?
S'il faut grâce pour moi, choisissez de mes crimes :
Les voilà tous, Madame; et si vous y joignez
D'avoir cru des méchants par quelque autre gagnés,
D'avoir une âme ouverte, une franchise entière,
Qui dans leur artifice a manqué de lumière,
C'est gloire* et non pas crime à qui ne voit le jour
Qu'au milieu d'une armée et loin de votre cour,
Qui n'a que la vertu* de son intelligence[1],
Et, vivant sans remords, marche sans défiance[2].

ARSINOÉ

Je m'en dédis, Seigneur : il n'est point criminel.
S'il m'a voulu noircir d'un opprobre éternel,
Il n'a fait qu'obéir à la haine ordinaire
Qu'imprime à ses pareils le nom de belle-mère.
De cette aversion son cœur préoccupé[3]
M'impute tous les traits dont il se sent frappé.
Que son maître Annibal, malgré la foi publique[4],
S'abandonne aux fureurs* d'une terreur panique[5];
Que ce vieillard confie et gloire* et liberté
Plutôt au désespoir qu'à l'hospitalité :
Ces terreurs, ces fureurs* sont de mon artifice.

---

1. Qui n'a pour lui que sa vertu, qui ne peut compter que sur elle pour se défendre. *Être d'intelligence avec quelqu'un*, c'est l'avoir pour soi (voir vers 312 et 1628); 2. *Var.* (vers 1167-1168) :
   Qui ne sait qu'aller droit ne craint que le tonnerre,
   Et n'a jamais appris que les ruses de guerre (1651-1656);
3. Son cœur, animé par avance de cette aversion; 4. *La foi publique :* la parole donnée par les traités officiels, le droit international qui protégeait Annibal; 5. *Terreur panique :* voir vers 331 et la note.

QUESTIONS

● VERS 1150-1168. Comment interprétez-vous cette comédie de la générosité que joue ici Arsinoé? Est-ce une ironie, comme le pense Voltaire, ou une prière perfide et le rôle merveilleusement joué d'une ennemie magnanime? N'accuse-t-elle pas Nicomède en ayant l'air de le défendre? — Montrez, en pesant chaque mot des vers 1150-1152, que ces éloges hypocrites sont autant d'insinuations habilement calculées, que ce plaidoyer apparent se tourne en réquisitoire et, sous prétexte de désarmer Prusias, exaspère son ressentiment, redouble sa colère et sa jalousie. Étudiez la réaction de Nicomède (hauteur, véhémence, orgueil légitime), et justifiez-la d'après son caractère. Les mérites, dont il est fier à juste titre, risquent-ils de lui gagner l'estime de Prusias? Quelles illusions se fait Nicomède sur son père?

Quelque appas[1] que lui-même il trouve en Laodice,
C'est moi qui fais qu'Attale a des yeux comme lui;
C'est moi qui force Rome à lui[2] servir d'appui;
De cette seule main part tout ce qui le[3] blesse;
Et pour venger ce maître et sauver sa maîtresse[4],
S'il a tâché, Seigneur, de m'éloigner de vous,
Tout est trop excusable en un amant jaloux.
Ce faible et vain effort ne touche point mon âme.
Je sais que tout mon crime est d'être votre femme;
Que ce nom seul l'oblige à me persécuter ;
Car enfin, hors de là, que peut-il m'imputer?
Ma voix, depuis dix ans qu'il commande une armée,
A-t-elle refusé d'enfler sa renommée?
Et lorsqu'il l'a fallu puissamment secourir,
Que la moindre longueur l'aurait laissé périr,
Quel autre a mieux pressé les secours nécessaires?
Qui l'a mieux dégagé de ses destins contraires?
A-t-il eu près de vous un plus soigneux agent
Pour hâter les renforts et d'hommes et d'argent?
Vous le savez, Seigneur, et pour reconnaissance,
Après l'avoir servi de toute ma puissance,
Je vois qu'il a voulu me perdre auprès de vous;
Mais tout est excusable en un amant jaloux :
Je vous l'ai déjà dit[5].

---

1. *Appas* pour « appât ». Orthographe constante chez Corneille sans distinction de nombre; **2.** *Lui :* Attale. *(Lui,* au vers précédent, se rapporte à *Nicomède) ;* **3.** *Le :* Nicomède; **4.** Voir vers 252 et la note; **5.** Au vers 1186.

QUESTIONS

● Vers 1169-1203. Arsinoé abandonne-t-elle sa tactique? Quelle est-elle? Montrez que tout son discours est un pur chef-d'œuvre d'habileté oratoire et de diplomatie féminine. Quelle en est la composition? Étudiez l'art du réquisitoire, les arguments, leur valeur, leur ordre, les procédés oratoires. Le procédé d'Arsinoé ne ressemble-t-il pas à celui d'Araspe (II, I)? — Rapprochez cette scène de celle de *Britannicus* (IV, II, vers 1258-1286) et comparez la comédie des larmes et du sentiment chez Arsinoé et chez Agrippine. — La réplique de Prusias au vers 1203 *(Ingrat! que peux-tu dire?) :* qu'a-t-elle de comique? Qu'est-ce qui prouve que la tactique d'Arsinoé a obtenu un plein succès? Ne croirait-on pas entendre le naïf Orgon attendri par l'humilité de Tartuffe et apostrophant Damis? Faites le rapprochement avec la scène VI de l'acte III du *Tartuffe.* On a dit de Tartuffe que c'était un fils d'Arsinoé tombé dans la bourgeoisie. Des deux personnages, quel est le plus dramatique? Pourquoi?

PRUSIAS

Ingrat! que peux-tu dire?

NICOMÈDE

Que la Reine a pour moi des bontés que j'admire.
Je ne vous dirai point que ces puissants secours
Dont[1] elle a conservé mon honneur et mes jours,
Et qu'avec tant de pompe à vos yeux elle étale,
Travaillaient par ma main à la grandeur* d'Attale;
Que par mon propre bras elle amassait pour lui
Et préparait dès lors ce qu'on voit aujourd'hui :
Par quelques sentiments qu'elle ait été poussée,
J'en laisse le ciel juge, il connaît sa pensée;
Il sait pour mon salut comme elle a fait des vœux;
Il lui rendra justice, et peut-être à tous deux.
Cependant, puisque enfin l'apparence est si belle,
Elle a parlé pour moi, je dois parler pour elle
Et pour son intérêt vous faire souvenir
Que vous laissez longtemps deux méchants à punir.
Envoyez Métrobate et Zénon au supplice.
Sa gloire* attend de vous ce digne sacrifice.
Tous deux l'ont accusée; et s'ils s'en sont dédits
Pour la faire innocente et charger votre fils,
Ils n'ont rien fait pour eux, et leur mort est trop juste
Après s'être joués[2] d'une personne auguste.
L'offense une fois faite à ceux de notre rang
Ne se répare point que[3] par des flots de sang :
On n'en fut jamais quitte ainsi pour s'en dédire.
Il faut sous les tourments que l'imposture expire;

1. *Dont :* par lesquels (voir vers 1124); 2. *S'être joués* se rapporte au sujet logique *eux*, contenu dans *leur mort :* après qu'ils se sont joués; 3. Se répare seulement. (*Point* forme pléonasme en français moderne; en français classique, on comprend : ne se répare pas, sinon...)

QUESTIONS

● Vers 1204-1232. Nicomède, dans sa réponse, fait-il preuve d'une habileté semblable à celle d'Arsinoé? Comment réussit-il à prendre Arsinoé à son propre piège? En quoi la suggestion logique du vers 1219 ruine-t-elle les manœuvres d'Arsinoé (voir vers 333)? Analysez cette réponse, ce qu'elle contient de finesse et de dignité. Comment le ton du héros sûr de lui s'élève-t-il sans effort jusqu'à l'éloquence? — Montrez que le soldat impétueux et fier chez Nicomède se double d'un diplomate habile dans sa loyauté, plein de tact et de mesure. Cette diplomatie est-elle aussi habile que celle d'Arsinoé, et la riposte digne de l'attaque?

Ou vous exposeriez tout votre sang royal
A la légèreté d'un esprit déloyal.
L'exemple est dangereux et hasarde nos vies,
S'il met en sûreté de telles calomnies.

ARSINOÉ

Quoi? Seigneur, les punir de la sincérité
Qui soudain dans leur bouche a mis la vérité,
Qui vous a contre moi sa fourbe* découverte[1],
Qui vous rend votre femme et m'arrache à ma perte,
Qui vous a retenu d'en prononcer l'arrêt,
Et couvrir tout cela de mon seul intérêt!
C'est être trop adroit, Prince, et trop bien l'entendre[2].

PRUSIAS

Laisse là Métrobate et songe à te défendre :
Purge-toi[3] d'un forfait si honteux et si bas.

NICOMÈDE

M'en purger! moi, Seigneur! vous ne le croyez pas[4]!
Vous ne savez que trop qu'un homme de ma sorte,
Quand il se rend coupable, un peu plus haut* se porte;
Qu'il lui faut un grand* crime à[5] tenter son devoir*,
Où sa gloire se sauve à l'ombre du pouvoir.
Soulever votre peuple et jeter votre armée
Dedans les intérêts d'une reine opprimée;
Venir, le bras levé, la tirer de vos mains,
Malgré l'amour d'Attale et l'effort des Romains,
Et fondre en vos pays contre leur tyrannie
Avec tous vos soldats et toute l'Arménie,

---

1. Qui vous a découvert sa fourberie; 2. *L'entendre* : s'y entendre, savoir s'y prendre; 3. *Se purger* : se purifier, se laver d'une accusation; 4. Vous ne croyez pas que je songe à m'en justifier; et non : vous ne croyez pas à ce forfait; 5. *A* : pour. (Voir vers 46.)

QUESTIONS

● VERS 1233-1239. Arsinoé est-elle déconcertée par la proposition de Nicomède? Ne se montre-t-il pas trop habile au gré de sa rivale, qui lui en fait le plaisant reproche (vers 1239)?

● VERS 1240-1241. « Ce discours est d'un prince imbécile : c'est précisément de Métrobate qu'il s'agit. Le roi ne peut savoir la vérité qu'en faisant donner la question à ces deux misérables; et cette vérité, qu'il néglige, lui importe infiniment. » Partagez-vous cette opinion de Voltaire? Ne croyez-vous pas plutôt que Prusias ne tient pas à être éclairé, qu'il ne veut pas trouver le coupable où il est? Quels sentiments sont à l'origine de son aveuglement obstiné?

C'est ce que pourrait faire un homme tel que moi,
S'il pouvait se résoudre à vous manquer de foi.
La fourbe* n'est le jeu que des petites âmes,
Et c'est là proprement le partage des femmes.
Punissez-donc, Seigneur, Métrobate et Zénon;
Pour la reine ou pour moi, faites-vous-en raison[1].
A ce dernier moment la conscience presse[2];
Pour rendre compte aux Dieux tout respect humain [cesse;
Et ces esprits légers, approchant des abois[3],
Pourraient bien se dédire une seconde fois.

ARSINOÉ

Seigneur...

NICOMÈDE

Parlez, Madame, et dites quelle cause
A leur juste supplice obstinément s'oppose;
Ou laissez-nous penser qu'aux portes du trépas
Ils auraient des remords qui ne vous plairaient pas.

ARSINOÉ

Vous voyez à quel point sa haine m'est cruelle :
Quand je le justifie, il me fait criminelle;
Mais sans doute, Seigneur, ma présence l'aigrit,
Et mon éloignement remettra son esprit;

---

1. Tirez-en vengeance, faites-vous justice (voir le vers 1565); 2. Quand ils sont près de la mort, les coupables obéissent à leur conscience; 3. *Approchant des abois :* approchant de la dernière heure. (Emploi figuré d'un terme de chasse [« cerf aux abois »].)

QUESTIONS

● VERS 1242-1262. « Ce vers [1242] est beau, noble, convenable au caractère et à la situation » (Voltaire). Qu'est-ce qui en fait la beauté? Relevez ce qui dénote l'orgueil excessif de Nicomède. N'est-ce pas là son défaut? Expliquez les vers 1243-1246 et justifiez, dans la bouche de Nicomède, des maximes politiques qui seraient mieux placées dans celle de Prusias. Quel est le genre de crime qui pourrait tenter Nicomède? — La loyauté du vers 1254 peut-elle rassurer un Prusias habitué à redouter le pouvoir de Nicomède, qui, dans sa fougue naïve et imprudente, vient de lui énumérer, depuis le vers 1247, ses exploits possibles? — La formule du vers 1256 n'est-elle pas trop générale et hâtive? Justifiez-la en la rapprochant de l'insolence outrée du vers 941. Remarquez la souplesse du discours où l'argument logique succède au couplet de bravoure.

● VERS 1263-1266. Nicomède ne se montre-t-il pas plus clair? Quelle étape dans la discussion est franchie ici? Montrez la sécheresse précise de ces quatre vers.

Il rendra quelque calme à son cœur magnanime,
Et lui pourra sans doute épargner plus d'un crime.
Je ne demande point que par compassion
Vous assuriez un sceptre à ma protection[1],
Ni que, pour garantir la personne d'Attale,
Vous partagiez entre eux la puissance royale;
Si vos amis de Rome en ont pris quelque soin,
C'était sans mon aveu, je n'en ai pas besoin.
Je n'aime point si mal que de ne vous pas suivre[2],
Sitôt qu'entre mes bras vous cesserez de vivre;
Et sur votre tombeau mes premières douleurs
Verseront tout ensemble et mon sang et mes pleurs.

PRUSIAS

Ah! Madame.

ARSINOÉ

Oui, Seigneur, cette heure infortunée
Par vos derniers soupirs clora ma destinée :
Et puisque ainsi jamais il ne sera mon roi,
Qu'ai-je à craindre de lui? que peut-il contre moi?
Tout ce que je demande en faveur de ce gage[3],
De ce fils qui déjà lui donne tant d'ombrage,
C'est que chez les Romains il retourne achever
Des jours que dans leur sein vous fîtes élever;
Qu'il retourne y traîner, sans péril et sans gloire*,
De votre amour pour moi l'impuissante mémoire.
Ce grand* prince vous sert et vous servira mieux
Quand il n'aura plus rien qui lui blesse les yeux;
Et n'appréhendez point Rome ni sa vengeance;
Contre tout son pouvoir il a trop de vaillance :
Il sait tous les secrets du fameux Annibal,
De ce héros à Rome en tous lieux si fatal,
Que l'Asie et l'Afrique admirent l'avantage

1. *A ma protection :* pour ma protection, pour me protéger; 2. Je n'aime pas assez mal pour ne pas vous suivre; 3. Son fils Attale, gage de leur hymen.

QUESTIONS

● VERS 1267-1282. Maintenant que Nicomède l'a démasquée, quelle est la nouvelle attitude d'Arsinoé? Dans cette comédie du désintéressement, son but n'est-il pas d'attendrir Prusias en l'alarmant pour elle et pour son fils? Y parvient-elle? Toutes les apparences ne sont-elles pas pour elle?

Qu'en tire Antiochus, et qu'en reçut Carthage[1].
Je me retire donc, afin qu'en liberté
Les tendresses[2] du sang pressent votre bonté;
Et je ne veux plus voir ni qu'en votre présence
Un prince que j'estime indignement m'offense,
Ni que je sois forcée à vous mettre en courroux
Contre un fils si vaillant et si digne de vous.

---

1. Carthage, traitant avec Rome, après la défaite de Zama, dut accepter les très dures conditions de paix que lui imposa Scipion (201 avant J.-C.). Annibal, réfugié près d'Antiochus III le Grand, roi de Syrie, poussa celui-ci à la guerre contre les Romains. Antiochus, entièrement écrasé à Magnésie, abandonna aux vainqueurs une partie de l'Asie et dut payer des sommes considérables (188); 2. Pluriel abstrait. (Voir vers 464.)

QUESTIONS

● Vers 1283-1300. Montrez qu'Arsinoé fait la bonne épouse et la bonne mère. Cherchez les mots qu'elle glisse adroitement pour exciter Prusias (vers 1291-1292; 1296, etc.), tout en ironisant contre Nicomède (vers 1296). Ne risque-t-elle pas de perdre le bénéfice de sa dissimulation, si bien soutenue jusque-là, en poussant l'ironie outre mesure (vers 1299-1300)? Faites un nouveau rapprochement avec la scène VII de l'acte premier du *Malade imaginaire*, où Béline aussi parle de la mort, appelant à son secours ce pathétique facile; comparez Béline et Arsinoé.

● Vers 1301-1306. Montrez que les derniers mots d'Arsinoé lui ménagent une sortie, sont une dernière attaque contre Nicomède et une mise en demeure pour Prusias de choisir entre Nicomède et elle.

■ Sur l'ensemble de la scène II. — « L'intérêt devrait être pressant dans cette scène, et ne l'est pas : c'est que Prusias, sur qui se fixent d'abord les yeux, partagé entre une femme et un fils, ne dit rien d'intéressant; il est même encore avili : on voit que sa femme le trompe ridiculement et que son fils le brave; on ne craint rien, au fond, pour Nicomède; on méprise le roi, on hait la reine » (Voltaire). Partagez-vous cette opinion?

— Comment le ton de comédie du début est-il effacé par le tour passionné des débats? Les éléments dramatiques ne prennent-ils pas le pas sur la comédie?

— Montrez que l'adresse suprême d'Arsinoé est de ne pas s'adresser à Nicomède, de refuser la discussion avec lui pour se contenter de se plaindre auprès de Prusias en se posant en victime des circonstances. Relevez et classez ses arguments. Cette adresse d'Arsinoé ne trouve-t-elle pas son aboutissement lorsque, à la fin, elle en arrive à s'en remettre à Prusias de la décision prendre?

— Prusias parle peu. N'avons-nous pas ici en quelque sorte un duel dans un miroir, qui est Prusias? Comment imaginez-vous son rôle? Doit-on oublier la présence d'Araspe, qui ne dit rien? Qui semble l'emporter à la fin de cette scène?

— Comparez cette scène à la scène III de l'acte II; en quoi ces deux scènes constituent-elles deux moments symétriques dans le déroulement de l'action? L'attitude de Nicomède devant ses deux adversaires, Flaminius et Arsinoé.

SCÈNE III. — PRUSIAS, NICOMÈDE, ARASPE

PRUSIAS

Nicomède, en deux mots, ce désordre me fâche[1].
Quoi qu'on t'ose imputer, je ne te crois point lâche,
Mais donnons[2] quelque chose à Rome, qui se plaint,
Et tâchons d'assurer[3] la reine, qui te craint.
J'ai tendresse pour toi, j'ai passion pour elle;
Et je ne veux pas voir cette haine éternelle,
Ni que des sentiments que j'aime à voir durer
Ne règnent dans mon cœur que pour le déchirer.
J'y veux mettre d'accord l'amour et la nature,
Être père et mari dans cette conjoncture.

NICOMÈDE

Seigneur, voulez-vous bien vous en fier à moi?
Ne soyez l'un ni l'autre.

PRUSIAS

Et que dois-je être?

NICOMÈDE

Roi[4].
Reprenez hautement* ce noble caractère.
Un véritable roi n'est ni mari ni père;
Il regarde son trône, et rien de plus. Régnez,
Rome vous craindra plus que vous ne la craignez;

1. *Fâcher :* irriter, peiner profondément; 2. *Donner :* abandonner, concéder; 3. *Assurer :* rassurer; 4. Racine a imité cette belle réplique dans *Alexandre*. Au roi de Macédoine qui lui demande : « Comment voulez-vous donc que je vous traite? », Porus répond : « En Roi. »

QUESTIONS

● VERS 1307-1316. Maintenant qu'Arsinoé a laissé Prusias seul avec Nicomède et que le roi peut parler librement, ne vous semble-t-il pas qu'il n'est point si dupe qu'on veut bien le croire (vers 1308 notamment)? Le ton ne change-t-il pas? — Ce faux-semblant d'amitié trompe-t-il Nicomède ou le spectateur? Bien qu'on ne puisse jamais croire tout à fait à la sincérité de Prusias, est-il impossible qu'ici il soit à demi sincère? Pourquoi? En vous rappelant la scène première de l'acte II, montrez que si Prusias a peur de sa femme, qu'il aime, il n'a pas moins peur du tout-puissant Nicomède, dont il se défie. Prusias ne veut-il pas contenter tout le monde?

Malgré cette puissance et si vaste et si grande*[1],
Vous pouvez déjà voir comme elle m'appréhende,
Combien en me perdant elle espère gagner,
Parce qu'elle prévoit que je saurai régner.

PRUSIAS

Je règne donc, ingrat! puisque tu me l'ordonnes :
Choisis, ou Laodice, ou mes quatre couronnes.
Ton roi fait ce partage entre ton frère et toi :
Je ne suis plus ton père, obéis à ton roi.

NICOMÈDE

Si vous étiez aussi le roi de Laodice,
Pour l'offrir à mon choix avec quelque justice,
Je vous demanderais le loisir d'y penser;
Mais enfin pour vous plaire, et ne pas l'offenser,
J'obéirai, Seigneur, sans répliques frivoles[2],
A vos intentions, et non à vos paroles.
A ce frère si cher transportez tous mes droits,
Et laissez Laodice en liberté du choix.
Voilà quel est le mien.

PRUSIAS

Quelle bassesse d'âme,
Quelle fureur* t'aveugle en faveur d'une femme[3]?
Tu la préfères, lâche! à ces prix glorieux
Que ta valeur unit au bien de tes aïeux!
Après cette infamie es-tu digne de vivre?

---

1. *Var.* (vers 1323-1324) :
Elle qui vous menace, elle qui vous gourmande,
Voyez-vous pas déjà comme elle m'appréhende? (1651-1656);

2. *Frivole* : superflu, inutile; 3. *Var.* : « Quelle vertu t'aveugle en vertu d'une femme? » (1651-1656);

QUESTIONS

● VERS 1317-1326. Étudiez la place des mots dans la réponse de Nicomède (vers 1319-1326). — Voltaire a écrit des vers 1319-1322 : « Il n'y a peut-être rien de plus beau dans les meilleures pièces de Corneille. Ce vrai sublime fait sentir combien l'ampoule doit déplaire aux esprits bien faits. Il n'y a pas un mot dans ces quatre vers qui ne soit simple et noble, rien de trop ni de trop peu. Je ne connais point dans les anciens de passage qui l'emporte sur celui-ci. » Commentez ces vers d'après ces réflexions.

NICOMÈDE

Je crois que votre exemple est glorieux à suivre.
Ne préférez-vous pas une femme à ce fils
Par qui tous ces États aux vôtres sont unis?

PRUSIAS

Me vois-tu renoncer pour elle au diadème?

NICOMÈDE

Me voyez-vous pour l'autre y renoncer moi-même?
Que cédé-je à mon frère en cédant vos États?
Ai-je droit d'y prétendre avant votre trépas?
Pardonnez-moi ce mot, il est fâcheux à dire,
Mais un monarque enfin comme un autre homme expire;
Et vos peuples alors, ayant besoin d'un roi,
Voudront choisir peut-être entre ce prince et moi.
Seigneur, nous n'avons pas si grande ressemblance
Qu'il faille de bons yeux pour y voir différence;
Et ce vieux droit d'aînesse est souvent si puissant
Que pour remplir un trône[1] il rappelle un absent.
Que si leurs sentiments se règlent sur les vôtres,
Sous le joug de vos lois j'en ai bien rangé d'autres;
Et dussent vos Romains en être encor jaloux,
Je ferai bien pour moi ce que j'ai fait pour vous.

PRUSIAS

J'y donnerai bon ordre.

NICOMÈDE

Oui, si leur artifice
De votre sang par vous se fait un sacrifice[2];

---

1. Voir vers 881 et la note; **2.** Si les Romains par leur artifice, par leurs machinations déloyales vous poussent à leur sacrifier vous-même votre fils.

QUESTIONS

● VERS 1327-1343. Qu'a de comique le vers 1327? Le plan proposé par Prusias (vers 1328-1330) : le roi tend-il un piège à son fils ou espère-t-il que Nicomède va faire un choix qui puisse satisfaire Flaminius et Arsinoé, tout en lui donnant à lui-même la certitude de n'avoir pas perdu son autorité royale? Comparez la proposition de Prusias à celle de Flaminius (vers 699-708) : la réponse de Nicomède (vers 1331-1338) est-elle différente de celle qu'il donnait alors à l'ambassadeur romain? — La colère indignée de Prusias (vers 1340-1343) est-elle sincère ou feinte? Quelle issue le roi cherche-t-il à donner au débat?

Autrement vos États à ce prince livrés
Ne seront en ses mains qu'autant que[1] vous vivrez.
Ce n'est point en secret que je vous le déclare;
Je le dis à lui-même, afin qu'il s'y prépare :
Le voilà qui m'entend.

PRUSIAS

Va, sans verser mon sang,
Je saurai bien, ingrat! l'assurer[2] en ce rang;
Et demain...

SCÈNE IV. — PRUSIAS, NICOMÈDE, ATTALE, FLAMINIUS, ARASPE, GARDES

FLAMINIUS

Si pour moi vous êtes en colère,
Seigneur, je n'ai reçu qu'une offense légère.
Le sénat en effet pourra s'en indigner;
Mais j'ai quelques amis qui sauront le gagner.

---

1. *Autant que :* tant que; 2. *L'assurer :* l'affermir; rendre son pouvoir stable.

QUESTIONS

● VERS 1344-1371. Étudiez la montée progressive du ton. Le semblant d'amitié que montrait Prusias ne se trouve-t-il pas trahi par son attitude devant un fils dont il ne peut obtenir aucune concession et dont les répliques sont si pertinentes? Prusias n'est-il pas irrité par cette résistance? Montrez que Nicomède dissipe enfin le malentendu et révèle sans ambiguïté ses véritables intentions. Quelle leçon de dignité tente-t-il de donner à son père? Quelle est l'impression que fait sur le spectateur la colère de Prusias?

■ SUR L'ENSEMBLE DE LA SCÈNE III. — Expliquez le changement de ton chez Prusias et chez Nicomède. En quoi leur caractère est-il précisé?

— Étudiez, d'après les scènes première, II et III, le barbon amoureux en Prusias et cherchez d'autres exemples de ce type dans le théâtre du XVIIe siècle.

— Nicomède a-t-il conscience de sa grandeur? Étudiez son arrogance, pleine de noblesse, mais parfois maladroite. Ne va-t-elle pas le perdre?

— Quelle conception Nicomède a-t-il de la majesté royale? Est-ce l'idéal de la royauté au XVIIe siècle? Relevez dans les répliques de Nicomède ce qui « actualise » aux yeux du spectateur de 1651 sa conception des droits et des devoirs du monarque.

PRUSIAS

Je lui ferai raison[1]; et dès demain Attale
Recevra de ma main la puissance royale :
Je le fais roi de Pont, et mon seul héritier.
Et quant à ce rebelle, à ce courage fier[2],
Rome entre vous et lui jugera de l'outrage :
Je veux qu'au lieu d'Attale il lui serve d'otage,
Et pour l'y mieux conduire[3], il vous sera donné,
Sitôt qu'il aura vu son frère couronné.

NICOMÈDE

Vous m'enverrez à Rome[4]!

PRUSIAS

On t'y fera justice.
Va, va lui demander ta chère Laodice.

NICOMÈDE

J'irai, j'irai, Seigneur, vous le voulez ainsi;
Et j'y serai plus roi que vous n'êtes ici.

FLAMINIUS

Rome sait vos hauts* faits et déjà vous adore[5].

NICOMÈDE

Tout beau[6], Flaminius! je n'y suis pas encore :
La route en est mal sûre, à tout considérer[7],
Et qui m'y conduira pourrait bien s'égarer.

PRUSIAS

Qu'on le remène[8], Araspe, et redoublez sa garde.
(A Attale.)
Toi, rends grâces à Rome, et sans cesse regarde

---

1. Je lui donnerai satisfaction (voir le vers 581); **2.** *Héritier/fier :* rimes dites « normandes », faites pour l'œil, non pour l'oreille; **3.** *Pour l'y mieux conduire :* pour qu'on puisse l'y mieux conduire. Construction irrégulière aujourd'hui, analogue à celle des vers 237, 1134, et 1224; **4.** Appien (*Mithridate*, II, VII) : « Ce roi, que sa cruauté rendait odieux à ses sujets, avait un fils chéri des Bithyniens. Il en conçut de l'ombrage et envoya le jeune prince à Rome pour y demeurer. » (Voir ce texte dans les Documents, page 153); **5.** *Adorer :* respecter, se prosterner devant, admirer avec vénération; **6.** *Tout beau :* locution fréquente chez Corneille, qui, devenue plus tard triviale, sera bannie du style noble; **7.** *Var.* (vers 1389-1390) :

Le voyage est si long qu'avant que d'arriver
Qui le commence bien peut le mal achever (1651-1656);

8. *Remener :* ramener, reconduire.

Que, comme son pouvoir est la source du tien,
En perdant son appui tu ne seras plus rien.
Vous, Seigneur, excusez si, me trouvant en peine
De quelques déplaisirs* que m'a fait voir la Reine,
Je vais l'en consoler et vous laisse avec lui.
Attale, encore un coup, rends grâce à ton appui.

SCÈNE V. — FLAMINIUS, ATTALE

ATTALE

Seigneur, que vous dirai-je après des avantages
Qui sont même trop grands* pour les plus grands* cou-[rages*?
Vous n'avez point de borne et votre affection
Passe[1] votre promesse et mon ambition.
Je l'avouerai pourtant, le trône de mon père
Ne fait pas le bonheur que plus je considère :
Ce qui touche mon cœur, ce qui charme mes sens,

1. *Passer :* dépasser.

QUESTIONS

■ SUR LA SCÈNE IV. — Quel effet produit l'arrivée de Flaminius et d'Attale? Flaminius, lui aussi, ne connaît-il pas à fond l'art d'inquiéter en rassurant? Montrez qu'avec l'arrestation de Nicomède la crise est au point culminant au moment où va s'achever l'acte IV.

— Voltaire blâme la subite résolution de Prusias (vers 1375-1382). Essayez de l'expliquer et de la justifier psychologiquement, par référence à la scène précédente et à tout ce que vous savez déjà du caractère de Prusias et de ses opinions. N'est-il pas possible que cette idée ait déjà germé dans son esprit avant ce moment? N'a-t-on pas tout fait pour lui donner l'occasion de se compromettre aux yeux de Rome? Prusias pouvait-il mieux imaginer que cet expédient, puisqu'il n'ose ni assassiner ni bannir Nicomède?

— Comment interprétez-vous le cri de Nicomède (vers 1383)? Surprise? Indignation? Douleur? Horreur? Quel sentiment explique la contradiction entre les vers 1385-1386 et les vers 1388-1390? Nicomède a-t-il un espoir réel d'échapper à l'exil ou veut-il seulement braver son ennemi? Quelle est l'importance des vers 1388-1390 sur le plan dramatique?

— Rapprochez le vers 1394 des vers 881-882 et 901-908 (III, II). Montrez la permanence du caractère de Prusias. Ne le voyez-vous pas écrasé par les responsabilités qu'il vient de prendre et éprouvant le besoin de disparaître après cet acte de volonté? Est-il conscient d'avoir en même temps définitivement abdiqué son propre pouvoir?

C'est Laodice acquise à mes vœux innocents.
La qualité de roi qui me rend digne d'elle...

FLAMINIUS

Ne rendra pas son cœur à vos vœux moins rebelle.

ATTALE

Seigneur, l'occasion fait un cœur différent :
D'ailleurs, c'est l'ordre exprès de son père mourant;
Et par son propre aveu la reine d'Arménie
Est due à l'héritier du roi de Bithynie.

FLAMINIUS

Ce n'est pas loi pour elle; et, reine comme elle l'est,
Cet ordre, à bien parler, n'est que ce qu'il lui plaît[1].
Aimerait-elle en vous l'éclat d'un diadème
Qu'on vous donne aux dépens d'un grand* prince qu'elle
[aime?
En vous qui la privez d'un si cher protecteur?
En vous qui de sa chute[2] êtes l'unique auteur?

ATTALE

Ce prince hors d'ici, Seigneur, que fera-t-elle?
Qui contre Rome et nous soutiendra sa querelle[3]?
Car j'ose me promettre encor votre secours.

FLAMINIUS

Les choses quelquefois prennent un autre cours;
Pour ne vous point flatter[4], je n'en veux pas répondre.

ATTALE

Ce serait bien, Seigneur, de tout point me confondre,
Et je serais moins roi qu'un objet de pitié,
Si le bandeau royal m'ôtait votre amitié.

---

1. *Var.* : « Cet ordre, cet aveu, n'est que ce qu'il lui plaît » (1651-1656); 2. *Sa chute* : la chute de Nicomède; 3. *Sa querelle* : sa cause (voir ce même sens au vers 42); 4. *Flatter* : tromper en déguisant la vérité d'une manière avantageuse pour celui à qui on s'adresse. (Voir aussi vers 1621.)

QUESTIONS

● VERS 1399-1423. Pourquoi Attale accepte-t-il avec empressement et sans arrière-pensée sa nouvelle investiture? Montrez combien sont personnels et peu désintéressés les motifs qui le déterminent. Quel est au fond le seul motif qui le rend heureux d'accéder au trône? — Comparez les arguments de Flaminius (vers 1413-1418) à ceux que Laodice opposait elle-même à Flaminius (III, II, 855-866).

Mais je m'alarme trop, et Rome est plus égale[1] :
N'en avez-vous pas l'ordre?

FLAMINIUS

Oui, pour le prince Attale,
Pour un homme en son sein nourri dès le berceau;
Mais pour le roi de Pont il faut ordre nouveau.

ATTALE

Il faut ordre nouveau! Quoi? se pourrait-il faire
Qu'à l'œuvre de ses mains Rome devînt contraire?
Que ma grandeur* naissante y fît quelque jaloux?

FLAMINIUS

Que présumez-vous, Prince, et que me dites-vous?

ATTALE

Vous-même, dites-moi comme il faut que j'explique
Cette inégalité de votre république.

FLAMINIUS

Je vais vous l'expliquer, et veux bien vous guérir
D'une erreur dangereuse où vous semblez courir.
Rome, qui vous servait auprès de Laodice,
Pour vous donner son trône eût fait une injustice :
Son amitié pour vous lui faisait cette loi;
Mais par d'autres moyens elle vous a fait roi;
Et le soin de sa gloire* à présent la dispense
De se porter pour vous à cette violence.
Laissez donc cette reine en pleine liberté
Et tournez vos désirs de quelque autre côté.
Rome de votre hymen prendra soin elle-même.

ATTALE

Mais s'il arrive enfin que Laodice m'aime?

1. *Plus égale :* plus constante à la fois et plus juste dans ses desseins. (Voir vers 1022.)

QUESTIONS

● VERS 1424-1447. Montrez l'ingéniosité d'Attale à travers la surprise et l'effarement devant Rome, qui lui fait défaut. Ne parle-t-il pas encore en fils de Prusias (vers 1432)? — Voltaire s'étonne qu'un ambassadeur étale avec cynisme une politique aussi compromettante et « grossière ». A ce moment décisif, sa franchise n'est-elle pas nécessaire? Pourquoi Flaminius, ambassadeur de Rome, doit-il expliquer au jeune roi les principes de sa politique? De quels arguments d'ordre moral couvre-t-il les manœuvres de la diplomatie romaine?

FLAMINIUS

Ce serait mettre encor Rome dans le hasard*
Que l'on crût artifice ou force de sa part[1] :
Cet hymen jetterait une ombre sur sa gloire*.
Prince, n'y pensez plus, si vous m'en pouvez croire;
Ou si de mes conseils vous faites peu d'état[2],
N'y pensez plus du moins sans l'aveu[3] du sénat.

ATTALE

A voir quelle froideur à tant d'amour succède,
Rome ne m'aime pas : elle hait Nicomède;
Et lorsqu'à mes désirs elle a feint d'applaudir,
Elle a voulu le perdre, et non pas m'agrandir.

FLAMINIUS

Pour ne vous faire pas de réponse trop rude
Sur ce beau coup d'essai de votre ingratitude,
Suivez votre caprice, offensez vos amis :
Vous êtes souverain et tout vous est permis;
Mais puisque enfin ce jour vous doit faire connaître
Que Rome vous a fait ce que vous allez être,
Que perdant son appui vous ne serez plus rien,
Que le Roi vous l'a dit, souvenez-vous-en bien.

SCÈNE VI. — ATTALE

Attale, était-ce ainsi que régnaient tes ancêtres?
Veux-tu le nom de roi pour avoir tant de maîtres?
Ah! ce titre à ce prix déjà m'est importun :

1. Dans le risque que l'on crût à l'emploi d'une ruse ou d'un coup de force de sa part; 2. *Faire état* : voir vers 539; 3. *Aveu* : autorisation.

QUESTIONS

● VERS 1448-1466. Montrez l'embarras de Flaminius, qui, à chaque objection d'Attale, fait perdre au jeune prince un peu plus de ses illusions. — Importance du vers 1456 : pourquoi ce vers, que Voltaire trouvait « excellent et fait pour servir de maxime à jamais », est-il capital? Comprend-on mieux, désormais, la conduite d'Attale, depuis le début de la pièce?

■ SUR L'ENSEMBLE DE LA SCÈNE V. — Dégagez une nouvelle fois, à la lumière des propos de Flaminius, les grandes lignes de la politique romaine. Comment Flaminius présente-t-il ces principes à Attale?

— N'espérions-nous pas mieux d'Attale « après avoir été témoins, et des défiances qu'il inspirait à sa mère, et de ses timides velléités de résistance, et de son involontaire admiration pour son aîné »?

S'il nous en[1] faut avoir, du moins n'en ayons qu'un.
Le ciel nous l'a donné trop grand*, trop magnanime,
Pour souffrir qu'aux Romains il serve de victime.
Montrons-leur hautement que nous avons des yeux,
Et d'un si rude joug affranchissons ces lieux[2].
Puisqu'à leurs intérêts tout ce qu'ils font s'applique,
Que leur vaine amitié cède à leur politique,
Soyons à notre tour de leur grandeur jaloux,
Et comme ils font[3] pour eux, faisons aussi pour nous.

---

1. *En :* des maîtres; **2.** *Var. :* « Pour les connaître mal j'ai trop vécu chez eux » (1651-1656); **3.** *Comme ils font :* emploi classique du verbe *faire* dans le sens d' « agir ».

QUESTIONS

■ Sur la scène vi. — Est-il juste d'affirmer, comme un critique, qu'Attale ne tourne à la générosité qu'après que Flaminius lui a défendu de songer à Laodice? Par quoi ce revirement est-il préparé? Qu'est-ce qui le précipite? N'est-ce pas la révolte d'un idéalisme déçu? Quel en est l'intérêt dramatique?

— Ce monologue d'Attale est-il nécessaire? Malgré la part du conventionnel, montrez-en la vraisemblance après la mise en demeure et les paroles tranchantes de Flaminius.

— Montrez que le caractère d'Attale est assez flottant, et ses propos suffisamment obscurs, pour maintenir l'incertitude du spectateur.

— Ce court monologue est le seul de cette tragédie : peut-on expliquer pourquoi Corneille n'a pas eu à utiliser plus souvent ce procédé dans *Nicomède?*

■ Sur l'ensemble de l'acte IV. — Étudiez la progression de l'action au cours de cet acte. Montrez que la crise y atteint son point culminant : le rôle d'Arsinoé et de Flaminius.

— Dégagez l'intérêt dramatique et psychologique de cet acte en vous appuyant sur ces réflexions d'un critique : « Dans ce quatrième acte, écrit Naudet, la mauvaise humeur et le mauvais vouloir de Prusias contre Nicomède se sont accrus par les querelles et les accusations réciproques du prince et de sa marâtre; Nicomède, qui était arrivé victorieux, vient d'être condamné, abandonné aux Romains; Attale est devenu de leur favori leur adversaire. Tous les intérêts sont brouillés, les positions respectives entièrement changées, le héros est en péril, mais un secours lui vient d'où il l'espérait le moins. »

— Que va faire Attale? Avons-nous assisté à la révolte d'une âme généreuse offensée ou d'une passion déçue?

— La fin de l'acte III était lourde de menaces : on sentait que la liberté d'action de Nicomède n'allait pas durer. Montrez que la fin de l'acte IV est lourde de promesses, bien que Nicomède soit emprisonné.

— Qu'attend-on du cinquième acte? Quel est le personnage dont le sort nous préoccupe au plus haut point? Quelle va être la réaction de Laodice devant l'arrestation de Nicomède? celle de l'armée? celle du peuple?

ACTE V

SCÈNE PREMIÈRE. — ARSINOÉ, ATTALE

ARSINOÉ

J'ai prévu ce tumulte[1] et n'en vois rien à craindre :
Comme un moment l'allume, un moment peut l'éteindre,
Et si l'obscurité laisse croître ce bruit,
Le jour dissipera les vapeurs de la nuit.
Je me fâche bien moins qu'un peuple se mutine
Que de voir que ton cœur dans son amour s'obstine,
Et, d'une indigne ardeur lâchement embrasé,
Ne rend point de mépris à qui t'a méprisé.
Venge-toi d'une ingrate et quitte une cruelle,
A présent que le sort t'a mis au-dessus d'elle.
Son trône, et non ses yeux, avait dû te charmer :
Tu vas régner sans elle; à quel propos l'aimer?
Porte, porte ce cœur à de plus douces chaînes.
Puisque te voilà roi, l'Asie a d'autres reines,
Qui, loin de te donner des rigueurs à souffrir[2],
T'épargneront bientôt la peine de t'offrir.

---

1. *Tumulte* : mouvement populaire, sédition; 2. *Var.* (vers 1493-1494) :

Qui n'auront point pour toi de rigueurs à souffrir
Et t'offriront les vœux que tu lui vas offrir (1651-1656).

QUESTIONS

● VERS 1479-1494. Que s'est-il passé durant l'entracte? Qu'est-ce qui a déclenché cette sédition? Montrez que, quoi qu'en dise Voltaire, cette révolte n'est pas une « machine triviale », un moyen facile et romanesque de dénouer la tragédie. Corneille ne l'a-t-il pas annoncée? N'est-elle pas préparée par les vers 115-116, 450-451 et 1388-1389, et justifiée par les souvenirs récents de la Fronde parlementaire et les exemples contemporains de la Fronde des princes? — Montrez qu'Arsinoé ne comprend d'autres passions que celle du pouvoir. En a-t-elle une autre elle-même? Rapprochez le vers 1492 des vers 1446-1447 (voir aussi les vers 1058 du *Cid*, 146 et 1179-1182 d'*Horace*, 390-392 de *Polyeucte*). Est-ce une consolation? Comment l'expliquez-vous chez ceux qui la formulent?

ATTALE

Mais, Madame...

ARSINOÉ

Eh bien! soit, je veux qu'elle se rende :
Prévois-tu les malheurs qu'ensuite j'appréhende?
Sitôt que d'Arménie elle t'aura fait roi,
Elle t'engagera dans sa haine pour moi.
Mais, ô Dieux! pourra-t-elle y borner sa vengeance?
Pourras-tu dans son lit dormir en assurance?
Et refusera-t-elle à son ressentiment
Le fer ou le poison pour venger son amant?
Qu'est-ce qu'en sa fureur une femme n'essaie?

ATTALE

Que de fausses raisons pour me cacher la vraie!
Rome, qui n'aime pas à voir un puissant roi,
L'a craint en Nicomède et le craindrait en moi[1].
Je ne dois plus prétendre à l'hymen d'une reine,
Si je ne veux déplaire à notre souveraine;
Et puisque la fâcher ce serait me trahir,
Afin qu'elle me souffre, il vaut mieux obéir.
Je sais par quels moyens sa sagesse profonde
S'achemine à grands pas à l'empire du monde :
Aussitôt qu'un État devient un peu trop grand*,
Sa chute doit guérir l'ombrage* qu'elle en prend.
C'est blesser les Romains que faire une conquête,
Que mettre trop de bras sous une seule tête;
Et leur guerre est trop juste, après cet attentat
Que fait sur leur grandeur* un tel crime d'État.
Eux, qui pour gouverner sont les premiers des hommes,
Veulent que sous leur ordre on soit ce que nous sommes,
Veulent sur tous les rois un si haut* ascendant[2]
Que leur empire seul demeure indépendant.

---

1. *Var. :* « Le craint en Nicomède et le craindrait en moi » (1651-1656); 2. *Ascendant :* en terme d'astrologie, signe du zodiaque qui monte à l'horizon à l'instant de la naissance de quelqu'un et qui influe sur sa destinée; et, par extension, « influence ».

QUESTIONS

● VERS 1495-1503. Que recherche Arsinoé en prêtant de pareils sentiments à Laodice? N'attribue-t-elle pas aux autres sa propre perfidie? — En quoi rappelle-t-elle ici Cléopâtre dans sa lutte contre Rodogune?

Je les connais, Madame, et j'ai vu cet ombrage*
Détruire[1] Antiochus et renverser Carthage.
De peur de choir comme eux, je veux bien m'abaisser,
Et cède à des raisons que je ne puis forcer.
D'autant plus justement mon impuissance y cède
Que je vois qu'en leurs mains on livre Nicomède.
Un si grand* ennemi leur répond de ma foi;
C'est un lion tout prêt à déchaîner sur moi.

ARSINOÉ

C'est de quoi je voulais vous faire confidence;
Mais vous me ravissez d'avoir cette prudence.
Le temps pourra changer; cependant prenez soin
D'assurer[2] des jaloux[3] dont vous avez besoin.

SCÈNE II. — FLAMINIUS, ARSINOÉ, ATTALE

ARSINOÉ

Seigneur, c'est remporter une haute* victoire
Que de rendre un amant capable de me croire :

---

1. *Détruire :* vaincre, perdre (en parlant d'une personne); 2. *Assurer :* voir vers 1310 et la note; 3. Les *Jaloux* ce sont les Romains, qui ne souffrent aucune grandeur auprès de la leur.

QUESTIONS

● VERS 1504-1530. Montrez que toute la tirade d'Attale est un excellent exposé de la politique romaine; commentez les deux derniers vers. — Comparez cette tirade à celle de Nicomède (II, III, 637-664). Quel progrès Attale a-t-il accompli depuis le début de la tragédie? Attale est-il sincère à la fin de sa tirade? Peut-on le croire après le monologue qui a terminé le quatrième acte et ce qu'il vient de dire de la politique romaine? A-t-il déjà pris une résolution? Pourquoi ne se confie-t-il pas à Arsinoé? Ne chercherait-il pas à endormir sa vigilance?

● VERS 1531-1534. Arsinoé n'est-elle pas dupe à son tour (voir début de la scène II)? Sa surprise et sa joie devant la clairvoyance et la prudence d'Attale sont-elles naturelles? Comment expliquez-vous son peu de défiance? Quels sont alors les sentiments du spectateur?

■ SUR L'ENSEMBLE DE LA SCÈNE PREMIÈRE. — Quel est l'intérêt psychologique de cette scène? Quels sont les traits nouveaux du caractère d'Attale qu'elle nous révèle? En quoi nous précise-t-elle les calculs politiques et les vues intéressées d'Arsinoé?
— Dans quelle atmosphère commence ce dernier acte?

J'ai su le ramener aux termes du devoir*,
Et sur lui la raison a repris son pouvoir.

FLAMINIUS

Madame, voyez donc si vous serez capable
De rendre également ce peuple raisonnable.
Le mal croît; il est temps d'agir de votre part,
Ou, quand vous le voudrez, vous le voudrez trop tard.
Ne vous figurez plus que ce soit le confondre
Que de le laisser faire et ne lui point répondre.
Rome autrefois a vu de ces émotions[1],
Sans embrasser jamais vos résolutions.
Quand il fallait calmer toute une populace,
Le sénat n'épargnait promesse ni menace,
Et rappelait par là son escadron mutin
Et du mont Quirinal et du mont Aventin[2],
Dont[3] il l'aurait vu faire une horrible descente,
S'il eût traité longtemps sa fureur d'impuissante
Et l'eût abandonnée à sa confusion,
Comme vous semblez faire en cette occasion.

ARSINOÉ

Après ce grand* exemple en vain on délibère :
Ce qu'a fait le sénat montre ce qu'il faut faire;
Et le Roi... Mais il vient.

---

1. *Emotion :* émeute, agitation populaire; **2.** *Quirinal*, *Aventin*, collines où se retira la plèbe révoltée contre les patriciens; **3.** *Dont :* d'où.

QUESTIONS

■ SUR LA SCÈNE II. — Montrez que Flaminius ne répond pas aux propos de la reine. D'où vient le changement dans le ton et l'attitude de Flaminius? Qu'est-ce qui préoccupe l'ambassadeur?

— Constatez, avec Voltaire, que Flaminius « au lieu de s'adresser au roi, vient s'adresser à sa femme ». « C'est, ajoute-t-il, traiter ce roi en vieillard de comédie qui n'est plus le maître chez lui. »

— Montrez la souplesse d'Arsinoé et sa docilité à recevoir les conseils, et même les remontrances, de Flaminius. Sur quoi est fondée leur entente?

— Étudiez l'accélération de l'action, la notion du temps qui presse dans les scènes finales. (Voir vers 1541-1542.)

SCÈNE III. — PRUSIAS, ARSINOÉ, FLAMINIUS, ATTALE

PRUSIAS

Je ne puis plus douter,
Seigneur, d'où vient le mal que je vois éclater :
Ces mutins ont pour chefs les gens de Laodice.

FLAMINIUS

J'en avais soupçonné déjà son artifice.

ATTALE

Ainsi votre tendresse et vos soins sont payés!

FLAMINIUS

Seigneur, il faut agir; et, si vous m'en croyez...

SCÈNE IV. — PRUSIAS, ARSINOÉ, FLAMINIUS, ATTALE, CLÉONE

CLÉONE

Tout est perdu, Madame, à moins d'un prompt remède :
Tout le peuple à grands cris demande Nicomède;
Il commence lui-même à se faire raison[1],
Et vient de déchirer Métrobate et Zénon.

ARSINOÉ

Il n'est donc plus à craindre, il a pris ses victimes :
Sa fureur* sur leur sang va consumer[2] ses crimes;
Elle s'applaudira de cet illustre effet*,
Et croira Nicomède amplement satisfait.

---

1. *Faire raison :* voir vers 581 et 1258; 2. *Consumer* et *consommer*, confondus par l'étymologie, l'étaient également par le sens au XVIIe siècle. Le vers signifie « va éteindre dans leur sang sa rage criminelle, va conduire à leur terme ses crimes ».

QUESTIONS

■ SUR LA SCÈNE III. — Voltaire commente le vers 1559 : « Mais que veut Laodice? Sauver son amant? C'est le perdre : il n'est point libre, il est en la puissance du roi. Laodice, en faisant révolter le peuple en sa faveur, le rend décidément criminel, et expose sa vie et la sienne. » Laodice avait-elle une autre ressource que ce remède périlleux?
— Comment interprétez-vous le vers 1561?

FLAMINIUS

Si ce désordre était sans chefs et sans conduite,
Je voudrais, comme vous, en craindre moins la suite :
Le peuple par leur mort pourrait s'être adouci;
Mais un dessein formé ne tombe pas ainsi :
Il suit toujours son but jusqu'à ce qu'il l'emporte;
Le premier sang versé rend sa fureur* plus forte;
Il l'amorce[1], il l'acharne[2], il en éteint l'horreur,
Et ne lui laisse plus ni pitié ni terreur.

SCÈNE V. — PRUSIAS, FLAMINIUS, ARSINOÉ, ATTALE, CLÉONE, ARASPE

ARASPE

Seigneur, de tous côtés le peuple vient en foule;
De moment en moment votre garde s'écoule;
Et, suivant les discours qu'ici même j'entends,
Le Prince entre mes mains ne sera pas longtemps;
Je n'en puis plus répondre.

PRUSIAS

Allons, allons le rendre,
Ce précieux objet* d'une amitié si tendre.
Obéissons, Madame, à ce peuple sans foi,

---

1. *Amorcer :* attirer par séduction; 2. *Acharner :* exciter vivement. *Acharner* signifie, au propre, « abandonner un morceau de viande à un faucon ou à un chien pour lui donner le goût de la chair » (terme de vénerie). La métaphore s'appliquera parfaitement dans son expressivité à un soldat ou à une foule que la vue du sang excite.

QUESTIONS

■ SUR LA SCÈNE IV. — Montrez que les scènes II, III et IV nous entraînent dans le mouvement rapide de l'action. Par quel procédé? Constatez qu'à chaque message venant de l'extérieur nous avons une situation nouvelle.

— Pourquoi Corneille fait-il tuer Métrobate et Zénon avant qu'ils aient livré leur secret? N'est-il pas permis de se demander si Arsinoé n'est pour rien dans cet acte? N'avait-elle pas à craindre leurs aveux?

— Pourquoi Arsinoé, si active et si habile lorsqu'il s'agit de mener une intrigue à l'intérieur d'un palais, se montre-t-elle si réticente, si passive, pour agir face à une émeute extérieure? Ce manque de résolution est-il calculé de sa part?

— Étudiez en Flaminius le Romain expérimenté et lucide.

Qui, las de m'obéir, en veut faire son roi,
Et, du haut d'un balcon pour calmer la tempête,
Sur ses nouveaux sujets faisons voler sa tête.

ATTALE

Ah! Seigneur.

PRUSIAS

C'est ainsi qu'il lui sera rendu :
A qui le cherche ainsi, c'est ainsi qu'il est dû.

ATTALE

Ah! Seigneur, c'est tout perdre et livrer à sa rage
Tout ce qui de plus près touche votre courage*;
Et j'ose dire ici que Votre Majesté[1]
Aura peine elle-même à trouver sûreté.

PRUSIAS

Il faut donc se résoudre à tout ce qu'il m'ordonne,
Lui rendre Nicomède avecque ma couronne :
Je n'ai point d'autre choix; et, s'il est le plus fort,
Je dois à son idole ou mon sceptre ou la mort.

FLAMINIUS

Seigneur, quand ce dessein aurait quelque justice,
Est-ce à vous d'ordonner que ce prince périsse?
Quel pouvoir sur ses jours vous demeure permis?
C'est l'otage de Rome, et non plus votre fils :
Je dois m'en souvenir, quand son père l'oublie.
C'est attenter sur nous qu'ordonner de sa vie;
J'en dois compte au sénat et n'y[2] puis consentir.

1. *Var. :* « Flaminius, la reine et Votre Majesté » (1651-1656); 2. *Y :* à la mort de Nicomède.

QUESTIONS

● VERS 1579-1598. Quel est l'intérêt dramatique du danger de plus en plus pressant que représente le peuple? Soulignez-en la gradation depuis le début de l'acte. — Quelle en est l'influence sur les sentiments et le comportement des personnages? Doit-on prendre au sérieux les menaces de Prusias? Font-elles naître de l'inquiétude? Essayez d'en voir les raisons d'après le caractère pusillanime de Prusias. Rapprochez les propos de Prusias des paroles d'Arsinoé au vers 357. — Qu'est-ce qui nous surprend dans l'intervention d'Attale? Sa résolution était-elle bien arrêtée jusque-là? Qu'est-ce qui la fait naître? De qui veut-il parler au vers 1592?

Ma galère est au port toute prête à partir;
Le palais y répond[1] par la porte secrète :
Si vous le voulez perdre, agréez ma retraite;
Souffrez que mon départ fasse connaître à tous
Que Rome a des conseils[2] plus justes et plus doux;
Et ne l'exposez point à ce honteux outrage
De voir à ses yeux même immoler son otage.

ARSINOÉ

Me croirez-vous, Seigneur, et puis-je m'expliquer?

PRUSIAS

Ah! rien de votre part ne saurait me choquer :
Parlez.

ARSINOÉ

Le ciel m'inspire un dessein dont[3] j'espère
Et satisfaire Rome et ne pas vous déplaire.
S'il est prêt à partir, il peut en ce moment
Enlever avec lui son otage aisément :
Cette porte secrète ici nous favorise;
Mais pour faciliter d'autant mieux l'entreprise,
Montrez-vous à ce peuple et, flattant[4] son courroux,
Amusez-le du moins à débattre avec vous;
Faites-lui perdre temps, tandis qu'en assurance
La galère s'éloigne avec son espérance[5];
S'il force le palais et ne l'y trouve plus,
Vous ferez comme lui le surpris, le confus;

1. *Répond :* correspond; 2. *Conseils :* résolutions, desseins; 3. Voir vers 1551 et la note; 4. *Flatter :* entretenir dans l'espérance flatteuse d'une chose (sens au vers 1423), mais aussi apaiser. Ici, mélange des deux sens. Il s'agit d'apaiser la foule en la trompant; 5. *Son espérance :* Nicomède.

QUESTIONS

● VERS 1599-1612. Étudiez le ton de Flaminius. Qu'est-ce qui détermine cette attitude? N'y a-t-il pas en plus des raisons de dignité, des raisons politiques? « Tout ce discours de Flaminius, écrit Voltaire, est une conséquence de son caractère artificieux parfaitement soutenu; mais remarquez que jamais des raisonnements politiques ne font un grand effet dans un cinquième acte, où tout doit être action ou sentiment, où la terreur et la pitié doivent s'emparer de tous les cœurs. » Discutez cette opinion. L'intervention de Flaminius ne modifie-t-elle pas la marche des événements et ne laisse-t-elle pas place à un dénouement moins tragique?

Vous accuserez Rome et promettrez vengeance
Sur quiconque sera de son intelligence[1].
Vous enverrez après, sitôt qu'il sera jour,
Et vous lui donnerez l'espoir d'un prompt retour,
Où[2] mille empêchements que vous ferez vous-même
Pourront de toutes parts aider au stratagème.
Quelque aveugle transport qu'il témoigne aujourd'hui,
Il n'attentera rien tant qu'il craindra pour lui,
Tant qu'il présumera son effort inutile.
Ici la délivrance en paraît trop facile,
Et s'il l'obtient[3], Seigneur, il faut fuir, vous et moi :
S'il le voit à sa tête, il en fera son roi;
Vous le jugez vous-même.

PRUSIAS

Ah ! j'avouerai, Madame,
Que le ciel a versé ce conseil[4] dans votre âme.
Seigneur, se peut-il voir rien de mieux concerté?

FLAMINIUS

Il vous assure et vie, et gloire*, et liberté;
Et vous avez d'ailleurs Laodice en otage;
Mais qui perd temps ici perd tout son avantage.

PRUSIAS

Il n'en faut donc plus perdre : allons-y de ce pas.

ARSINOÉ

Ne prenez avec vous qu'Araspe et trois soldats :
Peut-être un plus grand nombre aurait quelque infidèle.
J'irai chez Laodice et m'assurerai d'elle.
Attale, où courez-vous?

1. Voir vers 1167 et la note; 2. *Où :* tandis que; 3. S'il obtient la délivrance de Nicomède; 4. *Conseil :* voir le vers 1610 et la note.

QUESTIONS

● VERS 1613-1639. Dans une situation aussi critique, la réponse de Prusias (vers 1614) ne prête-t-elle pas à rire? — Quelle est la double ambition d'Arsinoé? Dans quel vers l'exprime-t-elle? Quel est le conseil d'Arsinoé? Quelle est la valeur dramatique et psychologique de cette ruse mesquine? Montrez qu'Arsinoé connaît bien Prusias. Pourquoi l'épouvante-t-elle habilement? Dans quels vers? — A quel moment de la journée sommes-nous (voir vers 1629)?

ATTALE

Je vais de mon côté
De ce peuple mutin amuser[1] la fierté[2],
A votre stratagème en ajouter quelque autre.

ARSINOÉ

Songez que ce n'est qu'un que mon sort et le vôtre,
Que vos seuls intérêts me mettent en danger.

ATTALE

Je vais périr, Madame, ou vous en[3] dégager.

ARSINOÉ

Allez donc. J'aperçois la reine d'Arménie.

SCÈNE VI. — ARSINOÉ, LAODICE, CLÉONE

ARSINOÉ

La cause de nos maux doit-elle être impunie?

---

1. *Amuser :* tromper en faisant patienter, faire perdre son temps (voir vers 1622-1623); 2. *Fierté :* humeur farouche; 3. *En* renvoie à *danger*.

QUESTIONS

● VERS 1639-1655. Le caractère de Prusias n'est-il pas admirablement soutenu? Cette admiration béate pour bien peu, ne veut-il pas la faire partager à tout le monde? « C'est là, dit Voltaire, que Prusias est plus que jamais un vieillard de Molière. » Indiquez en quoi et montrez qu'il ne faut pas, comme Voltaire, voir là une erreur de Corneille. — Montrez que les paroles d'Attale sont à double sens (vers 1651 et 1654). Quelle est la réaction d'Arsinoé? Les vers 1652 et 1653 ne laissent-ils pas deviner sous leur hypocrisie quelque inquiétude de sa part?

■ SUR L'ENSEMBLE DE LA SCÈNE V. — Est-il vrai que, selon le mot du critique La Harpe, Nicomède, « soutenu par ses exploits et la faveur du peuple », ne coure aucun vrai danger? Étudiez, de ce point de vue, les dernières scènes de l'acte IV et les premières scènes de l'acte V.

— Cherchez dans les événements, contemporains ou récents, les journées populaires dont Corneille a pu se souvenir.

— Montrez que cette délibération, ce conseil de guerre ne constitue pas un arrêt dans le mouvement, car il se déroule sous la menace des événements. Soulignez-en le caractère dramatique.

— Les diverses réactions des personnages sont-elles conformes à leurs caractères?

LAODICE

Non, Madame; et pour peu qu'elle ait d'ambition,
Je vous réponds déjà de sa punition.

ARSINOÉ

Vous qui savez sòn crime, ordonnez de sa peine.

LAODICE

Un peu d'abaissement suffit pour une reine :
C'est déjà trop de voir son dessein avorté.

ARSINOÉ

Dites, pour châtiment de sa témérité,
Qu'il lui faudrait du front tirer[1] le diadème[2].

LAODICE

Parmi les généreux* il n'en va pas de même :
Ils savent oublier quand ils ont le dessus,
Et ne veulent que voir leurs ennemis confus.

ARSINOÉ

Ainsi qui peut vous croire aisément se contente!

LAODICE

Le ciel ne m'a pas fait l'âme plus violente.

ARSINOÉ

Soulever des sujets contre leur souverain,
Leur mettre à tous le fer et la flamme en la main,
Jusque dans le palais pousser leur insolence,
Vous appelez cela fort peu de violence?

LAODICE

Nous nous entendons mal, Madame; et je le voi[3],
Ce que je dis pour vous, vous l'expliquez pour moi.
Je suis hors de souci pour ce qui me regarde;

---

1. *Tirer* (sens plus fort que *retirer*) : arracher; 2. *Var. :* « Qu'elle mérite perdre et sceptre et diadème » (1651-1656); 3. *Voi :* voir vers 33 et la note.

QUESTIONS

● VERS 1656-1672. La rencontre d'Arsinoé et de Laodice est-elle vraisemblable? Sur quel ton s'engage le dialogue? — Montrez que Laodice applique à Arsinoé les mots qu'Arsinoé applique à Laodice. Quelle est la *cause des maux* pour l'une et pour l'autre? — Comment peut-on définir et expliquer le procédé dramatique ainsi pratiqué?

Et je viens vous chercher pour vous prendre en ma garde,
Pour ne hasarder* pas en vous la majesté
Au manque de respect d'un grand peuple irrité.
Faites venir le Roi, rappelez votre Attale,
Que je conserve en eux la dignité royale :
Ce peuple en sa fureur* peut les connaître mal[1].

ARSINOÉ

Peut-on voir un orgueil à votre orgueil égal?
Vous, par qui seule ici tout ce désordre arrive,
Vous, qui dans ce palais vous voyez ma captive,
Vous, qui me répondrez au prix de votre sang
De tout ce qu'un tel crime attente sur mon rang,
Vous me parlez encor avec la même audace
Que si j'avais besoin de vous demander grâce!

LAODICE

Vous obstiner, Madame, à me parler ainsi,
C'est ne vouloir pas voir que je commande ici,
Que, quand il me plaira, vous serez ma victime.
Et ne m'imputez point ce grand* désordre à crime :
Votre peuple est coupable, et dans tous vos sujets
Ces cris séditieux sont autant de forfaits;
Mais pour moi, qui suis reine, et qui dans nos querelles,
Pour triompher de vous, vous ai fait ces rebelles[2],
Par le droit de la guerre il fut toujours permis
D'allumer la révolte entre ses ennemis :
M'enlever mon époux, c'est vous faire la mienne[3].

ARSINOÉ

Je la suis donc, Madame; et, quoi qu'il en advienne,
Si ce peuple une fois enfonce le palais,
C'est fait de votre vie, et je vous le promets.

LAODICE

Vous tiendrez mal parole, ou bientôt sur ma tombe
Tout le sang de vos rois servira d'hécatombe[4].
Mais avez-vous encor parmi[5] votre maison

---

1. Sur *connaître mal*, voir la note du vers 265. *Connaître :* reconnaître. Le sens est : « le peuple pourrait manquer d'égards pour leur dignité »; **2.** Vous ai suscité ces rebelles; **3.** *La mienne :* mon ennemie; **4.** *Var. :* « Vous verrez une illustre et royale hécatombe » (1651-1656); **5.** *Parmi :* au milieu de.

Quelque autre Métrobate ou quelque autre Zénon?
N'appréhendez-vous point que tous vos domestiques[1]
Ne soient déjà gagnés par mes sourdes pratiques?
En savez-vous quelqu'un si prêt à se trahir[2],
Si las de voir le jour, que de vous obéir[3]?
Je ne veux point régner sur votre Bithynie :
Ouvrez-moi seulement les chemins d'Arménie;
Et pour voir tout d'un coup vos malheurs terminés,
Rendez-moi cet époux qu'en vain vous retenez.

ARSINOÉ

Sur le chemin de Rome il vous faut l'aller prendre.
Flaminius l'y mène et pourra vous le rendre :
Mais hâtez-vous, de grâce, et faites bien ramer[4],
Car déjà sa galère a pris le large en mer.

LAODICE

Ah! si je le croyais!...

ARSINOÉ

N'en doutez point, Madame.

LAODICE

Fuyez donc les fureurs* qui saisissent mon âme :
Après le coup fatal de cette indignité,
Je n'ai plus ni respect ni générosité*.
Mais plutôt demeurez pour me servir d'otage,
Jusqu'à ce que ma main de ses fers le dégage.
J'irai jusque dans Rome en briser les liens,
Avec tous vos sujets, avecque tous les miens;
Aussi bien Annibal nommait une folie

---

1. *Domestiques :* voir vers 392 et la note; **2** *Se trahir :* trahir ses propres intérêts, agir contre lui-même; **3.** Assez las de vivre pour risquer une mort certaine en vous obéissant. (*Que :* au point que, de sorte que); **4.** *Ramer/mer :* rimes normandes (voir vers 1377-1378).

QUESTIONS

● VERS 1673-1714. Est-ce Laodice qui *commande ici*, comme elle le prétend (vers 1690)? Si elle commande au-dehors, ne court-elle pas, au contraire, un danger très réel dans le palais de Prusias? — En quoi la conduite de Laodice est-elle digne de Nicomède? Ne se plaît-elle pas aux bravades téméraires comme celui qu'elle appelle pour la première fois son *époux* (vers 1714)? Dans quelle intention emploie-t-elle ce mot? — Pouvait-on imaginer Laodice si énergique, et même si cruelle? Comparez Laodice à Rodogune face à Cléopâtre.

De présumer la vaincre ailleurs qu'en Italie[1].
Je veux qu'elle me voie au cœur de ses États
Soutenir ma fureur* d'un million de bras;
Et sous mon désespoir rangeant sa tyrannie[2]...

ARSINOÉ

Vous voulez donc enfin régner en Bithynie?
Et, dans cette fureur* qui vous trouble aujourd'hui,
Le Roi pourra souffrir que vous régniez pour lui?

LAODICE

J'y régnerai, Madame; et sans lui faire injure.
Puisque le Roi veut bien n'être roi qu'en peinture,
Que lui doit importer qui donne ici la loi,
Et qui règne pour lui des Romains ou de moi?
Mais un second otage entre mes mains se jette.

SCÈNE VII. — ARSINOÉ, LAODICE, ATTALE, CLÉONE

ARSINOÉ

Attale, avez-vous su comme ils ont fait retraite?

ATTALE

Ah! Madame.

1. Voir *Mithridate*, de Racine, vers 835-836 :
Annibal l'a prédit, croyons-en ce grand homme :
Jamais on ne vaincra les Romains que dans Rome ;

2. Expression obscure dans sa concision : obligeant sa tyrannie à se soumettre à moi, qui l'attaquerai avec une fureur désespérée, l'accablant sous les coups portés par mon désespoir.

QUESTIONS

● VERS 1715-1739. Quel est l'effet de la révélation d'Arsinoé (vers 1715-1718)? — Montrez que Laodice laisse éclater sa *fureur* et que les menaces chimériques qu'elle profère trahissent sa douleur et sa colère. Perd-elle toutefois son assurance et son audace?

■ SUR L'ENSEMBLE DE LA SCÈNE VI. — Pourquoi Corneille a-t-il attendu le cinquième acte pour mettre Arsinoé et Laodice face à face? Était-il possible, ou utile, de ménager plus tôt cette rencontre?
— Voltaire trouve encore cette scène inutile à l'action. Comment peut-on cependant en justifier la vraisemblance dramatique? Que se passe-t-il au-dehors pendant que les deux femmes se bravent?
— Étudiez l'opposition des deux caractères en soulignant que, si celui d'Arsinoé continue à se dégrader à nos yeux, celui de Laodice ne fait que confirmer sa ressemblance avec son âme sœur.

ARSINOÉ

Parlez.

ATTALE

Tous les Dieux irrités
Dans les derniers malheurs nous ont précipités.
Le Prince est échappé.

LAODICE

Ne craignez plus, Madame :
La générosité* déjà rentre en mon âme.

ARSINOÉ

Attale, prenez-vous plaisir à m'alarmer?

ATTALE

Ne vous flattez point tant que de[1] le présumer.
Le malheureux Araspe, avec sa faible escorte,
L'avait déjà conduit à cette fausse porte,
L'ambassadeur de Rome était déjà passé,
Quand dans le sein d'Araspe un poignard enfoncé
Le jette aux pieds du prince. Il s'écrie, et sa suite,
De peur d'un pareil sort, prend aussitôt la fuite.

ARSINOÉ

Et qui dans cette porte a pu le poignarder?

ATTALE

Dix ou douze soldats qui semblaient la garder.
Et ce prince...

ARSINOÉ

Ah! mon fils, qu'il est partout de traîtres!
Qu'il est peu de sujets fidèles à leurs maîtres!
Mais de qui savez-vous un désastre si grand?

ATTALE

Des compagnons d'Araspe, et d'Araspe mourant.
Mais écoutez encor ce qui me désespère.
J'ai couru me ranger auprès du Roi mon père :
Il n'en était plus temps : ce monarque étonné[2]

---

1. *Tant que de :* assez pour, au point de (voir une construction analogue aux vers 1279 et 1710); 2. *Etonné :* frappé de stupeur.

A ses frayeurs déjà s'était abandonné,
Avait pris un esquif pour tâcher de rejoindre
Ce Romain, dont l'effroi peut-être n'est pas moindre.

SCÈNE VIII. — PRUSIAS, FLAMINIUS, ARSINOÉ, LAODICE, ATTALE, CLÉONE

PRUSIAS

Non, non; nous revenons[1] l'un et l'autre en ces lieux
Défendre votre gloire* ou mourir à vos yeux.

ARSINOÉ

Mourons, mourons, Seigneur, et dérobons nos vies
A l'absolu pouvoir des fureurs* ennemies;
N'attendons pas leur ordre et montrons-nous jaloux
De l'honneur qu'ils auraient à disposer de nous[2].

LAODICE

Ce désespoir, Madame, offense un si grand* homme
Plus que vous n'avez fait en l'envoyant à Rome :
Vous devez le connaître; et puisqu'il a ma foi,
Vous devez présumer qu'il est digne de moi.
Je le désavouerais s'il n'était magnanime,

---

1. Voir l'Examen (page 152, lignes 72-92); **2.** C'est-à-dire : « refusons à nos ennemis la satisfaction qu'ils auraient à disposer de notre sort ».

QUESTIONS

■ SUR LA SCENE VII. — Montrez que le vers 1744 est un trait de caractère : rapprochez-le du vers 1722. En redevenant clémente dès qu'elle se sait victorieuse, Laodice n'est-elle pas une fois de plus semblable à Nicomède?

— Quel a été le rôle d'Araspe dans la pièce? Ne représentait-il pas l'âme damnée d'Arsinoé ou, comme le dit un critique, « l'instrument des méchancetés de la reine et de ses inimitiés »? Comment sa mort est-elle accueillie?

— Comment, dans le récit d'Attale, la promptitude de l'assassinat est-elle soulignée (vers 1750)? A-t-on eu le temps de voir le bras qui tenait l'arme?

— Pourquoi Attale cache-t-il par un mensonge la belle action qu'il vient d'accomplir? Comment la vérité serait-elle accueillie en de telles circonstances? — Étudiez le mépris amusé d'Attale, dans le récit qu'il fait des événements. Remarquez les démonstratifs ironiques et le rythme (vers 1761-1764). — La pièce ne pourrait-elle pas finir ici?

S'il manquait à remplir l'effort de mon estime*[1],
S'il ne faisait paraître un cœur toujours égal.
Mais le voici : voyez si je le connais mal[2].

SCÈNE IX. — PRUSIAS, NICOMÈDE, ARSINOÉ, LAODICE, FLAMINIUS, ATTALE, CLÉONE

NICOMÈDE

Tout est calme, Seigneur : un moment de ma vue
A soudain apaisé la populace émue[3].

PRUSIAS

Quoi? me viens-tu braver jusque dans mon palais,
Rebelle?

NICOMÈDE

C'est un nom que je n'aurai jamais.
Je ne viens point ici montrer à votre haine
Un captif insolent d'avoir brisé sa chaîne :
Je viens en bon sujet vous rendre le repos
Que d'autres intérêts troublaient mal à propos.
Non que je veuille à Rome imputer quelque crime :
Du grand art de régner elle suit la maxime;

---

1. S'il démentait par son comportement la haute idée que je me fais de son caractère, s'il manquait de se montrer égal à la force de mon estime; **2.** Voir vers 265 et la note et vers 1681; **3.** *Émue* : en mouvement, en révolte. Voir le sens d'*émotion* au vers 1545.

QUESTIONS

■ SUR LA SCÈNE VIII. — Sur ce retour inexpliqué de Prusias et de Flaminius, vous commenterez et discuterez les arguments donnés par Corneille lui-même à la fin de l'Examen de *Nicomède* (page 152, lignes 72-92). N'auriez-vous pas préféré le premier dénouement? Pourquoi? Pour quelles raisons Corneille ne l'a-t-il pas gardé? Ces raisons ne sont-elles pas faibles?

— Cette fuite interrompue et ce retour ne vous apparaissent-ils pas ridicules? Ne font-ils pas perdre à Flaminius le prestige qu'il pouvait avoir jusque-là? Quant à Prusias, montrez qu'ils ne pouvaient qu'ajouter à son ridicule.

— Les propos de Laodice et la théorie de l'amour cornélien. Pourquoi peut-elle répondre d'avance de la générosité de Nicomède? Peut-on dire que cet amour est plus fait d'admiration que de tendresse? N'est-ce pas simple apparence? Prenez des exemples.

Et son ambassadeur ne fait que son devoir*
Quand il veut entre nous partager le pouvoir.
Mais ne permettez pas qu'elle vous y contraigne :
Rendez-moi votre amour, afin qu'elle vous craigne,
Pardonnez à ce peuple un peu trop de chaleur[1]
Qu'à sa compassion a donné mon malheur;
Pardonnez un forfait qu'il a cru nécessaire,
Et qui ne produira qu'un effet salutaire.
Faites-lui grâce aussi, Madame, et permettez
Que jusques au tombeau j'adore vos bontés.
Je sais par quels motifs vous m'êtes si contraire :
Votre amour maternel veut voir régner mon frère;
Et je contribuerai moi-même à ce dessein,
Si vous pouvez souffrir qu'il soit roi de ma main.
Oui, l'Asie à mon bras offre encor des conquêtes;
Et pour l'en couronner mes mains sont toutes prêtes.
Commandez seulement, choisissez en quels lieux,
Et j'en[2] apporterai la couronne à vos yeux.

ARSINOÉ

Seigneur, faut-il si loin pousser votre victoire,
Et qu'ayant en vos mains et mes jours et ma gloire*,
La haute ambition d'un si puissant vainqueur
Veuille encor triompher jusque dedans mon cœur?
Contre tant de vertu* je ne puis le défendre;
Il est impatient lui-même de se rendre.
Joignez cette conquête à trois sceptres conquis,
Et je croirai gagner en vous un second fils.

---

1. *Chaleur :* mouvement impétueux et irréfléchi (voir vers 635); 2. *En :* de ces lieux.

QUESTIONS

● Vers 1779-1806. Quelle impression produit la brusque apparition de Nicomède? Remarquez la majesté de cette entrée en scène. — Tous les personnages sont là (moins un, Araspe). Pourquoi ce rassemblement final? — En justifiant Rome elle-même, Nicomède ne fait-il pas preuve d'une très grande maîtrise de soi? Entre-t-il de l'ironie dans les propos qu'il adresse à Arsinoé? Montrez que cette déférence outrée ne coûte rien à la fierté de Nicomède, pleinement victorieux. — Ce pardon général, absolu et sans conditions, n'a-t-il pas été annoncé? Par qui? Y voyez-vous de la noblesse, de la grandeur d'âme? une imprudence juvénile? du don-quichottisme? la sublimité d'une leçon morale?

PRUSIAS

Je me rends donc aussi, Madame; et je veux croire
Qu'avoir un fils si grand* est ma plus grande* gloire*.
Mais parmi les douceurs qu'enfin nous recevons,
Faites-nous savoir, Prince, à qui nous vous devons[1].

NICOMÈDE

L'auteur d'un si grand coup m'a caché son visage;
Mais il m'a demandé mon diamant pour gage
Et me le doit ici rapporter dès demain.

ATTALE

Le voulez-vous, Seigneur, reprendre de ma main?

NICOMÈDE

Ah! laissez-moi toujours à cette digne marque
Reconnaître en mon sang un vrai sang de monarque.
Ce n'est plus des Romains l'esclave ambitieux,
C'est le libérateur d'un sang si précieux.
Mon frère, avec mes fers vous en brisez bien d'autres :
Ceux du Roi, de la Reine, et les siens[2] et les vôtres :
Mais pourquoi vous cacher en sauvant tout l'État?

ATTALE

Pour voir votre vertu* dans son plus haut* éclat;
Pour la voir seule agir contre notre injustice,
Sans la préoccuper[3] par ce faible service;
Et me venger enfin ou sur vous ou sur moi,

1. *Var.* : « Prince, saurons-nous point à qui nous vous devons? » (1651-1656); 2. *Les siens* : ceux de Laodice; 3. *Préoccuper* : influencer.

QUESTIONS

● VERS 1807-1816. La générosité est-elle pour ainsi dire contagieuse, ou Arsinoé continue-t-elle à feindre et à mentir? Sa conversion n'est-elle point forcée? — Qu'y a-t-il de plaisant dans l'attitude et les propos de Prusias (vers 1815-1816)? Étudiez la valeur de tous les mots *(donc, aussi, Madame, je veux)*. Ne se fait-il pas l'écho d'Arsinoé? Son effort de volonté *(et je veux croire)* ne veut-il pas laisser croire pitoyablement qu'il y met du sien? Ne sourit-on pas en se rappelant les confidences qu'Araspe entendait au début du second acte? Mais Araspe est-il encore là? — Comparez ce triomphe du *généreux* avec le dénouement de *Cinna* (vers 1715). La situation est-elle la même? Peut-on parler ici d' « ascension des âmes », comme pour *Cinna* ou *Polyeucte?*

Si j'eusse mal jugé de tout ce que je voi[1].
Mais, Madame...

ARSINOÉ

Il suffit : voilà le stratagème
Que vous m'aviez promis pour moi contre moi-même,

(A Nicomède.)

Et j'ai l'esprit, Seigneur, d'autant plus satisfait
Que mon sang[2] rompt le cours du mal que j'avais fait.

NICOMÈDE, *à Flaminius.*

Seigneur, à découvert, toute âme généreuse*
D'avoir votre amitié doit se tenir heureuse;
Mais nous n'en voulons plus avec ces dures lois
Qu'elle jette toujours sur la tête des rois :
Nous vous la demandons hors de la servitude,
Ou le nom d'ennemi nous semblera moins rude.

FLAMINIUS, *à Nicomède.*

C'est de quoi le sénat pourra délibérer;
Mais cependant pour lui j'ose vous assurer,
Prince, qu'à ce défaut[3] vous aurez son estime*,
Telle que doit l'attendre un cœur si magnanime;
Et qu'il croira se faire un illustre ennemi,
S'il ne vous reçoit pas pour généreux* ami.

PRUSIAS

Nous autres, réunis sous de meilleurs auspices,
Préparons à demain de justes sacrifices;
Et demandons aux Dieux, nos dignes souverains,
Pour comble de bonheur l'amitié des Romains.

---

1. *Voi :* voir vers 33 et la note; 2. *Mon sang :* mon fils, ma race, ma famille (voir *le Cid*, vers 264 et 266 : « Viens mon fils, viens mon sang, viens réparer ma honte »); 3. *A ce défaut :* à défaut de, faute de son amitié.

QUESTIONS

● VERS 1817-1838. Le romanesque de cet épisode : trouvez-en d'autres exemples dans le théâtre de Corneille, dans celui du XVIIe siècle. Quel est l'effet de ces coups de théâtre sur les spectateurs? Attale n'est-il pas le seul dont la conversion longuement préparée est indiscutable? Comment expliquez-vous le silence de Laodice dans cette scène? — De quel *stratagème* (vers 1835) Arsinoé parle-t-elle (voir vers 1651)? Le revirement d'Arsinoé n'est-il pas bien rapide? Pourquoi Nicomède ne lui répond-il pas?

● VERS 1839-1854. Montrez que Nicomède s'adresse à Flaminius avec fermeté. Étudiez le vers 1842 et dites quelle est la valeur des sonorités (consonnes explosives). — Comment Flaminius se tire-t-il de la fausse situation où il se trouve placé? Quelle est l'habileté de son langage réservé? Ce petit discours bien tourné ne relève-t-il pas un peu la dignité de Flaminius, qui, dans cette scène, est de l'aveu de Corneille lui-même, « en assez méchante posture »? — Comparez les derniers vers de la pièce avec ceux de *Cinna*. D'où vient le comique du dernier vers? Ne dirait-on pas que Prusias n'a rien compris à ce dénouement? Quelle a toujours été l'unique ambition de Prusias? — Remarquez jusqu'en ce dénouement la permanence des caractères. « Dix comédies classiques, note Petit de Julleville, finissent de la même façon comme pour affirmer que, si elles corrigent les mœurs, ce ne sont pas celles de leurs personnages. » Cherchez, dans notre théâtre, des fins semblables.

■ SUR L'ENSEMBLE DE LA SCÈNE IX. — Étudiez tout ce qui fait le romanesque d'un tel dénouement.

— Analysez la générosité cornélienne dans les scènes VI, VII, VIII, IX, d'après les attitudes de Laodice et de Nicomède.

— En vous reportant aux définitions et aux explications données par le Lexique (page 35), au mot *générosité*, demandez-vous si Nicomède est l'incarnation de l'idéal moral cartésien. Êtes-vous sur ce point de l'avis de G. Lanson ou d'O. Nadal?

— L'union rétablie dans la famille n'est-elle pas plus apparente que sincère? Qu'est-ce qui la garantit cependant?

— Les Romains accepteront-ils la main que leur tend loyalement Nicomède? N'est-ce pas le seul point noir qui reste à l'horizon? Le dernier vœu de Prusias ne s'en trouve-t-il pas justifié?

■ SUR L'ENSEMBLE DE L'ACTE V. — Quelle est la situation au début du cinquième acte? Étudiez la rapidité avec laquelle Corneille a dénoué la crise, l'enchaînement des scènes et la réaction des caractères devant les événements.

— Comparez cet acte tout en mouvements qui se passent à l'extérieur avec l'acte du combat dans *Horace* ou avec le dernier acte de l'*Andromaque* de Racine.

— Le dénouement vous paraît-il vraisemblable du point de vue de la réalité des faits et de la psychologie des personnages?

— Étudiez, à partir de cette réconciliation générale, l'optimisme de Corneille et son goût pour les dénouements heureux. — Quel est le sens de cette fin à l'époque où sort la pièce? Corneille n'en appelle-t-il pas au sens de l'unité nationale pour réunir les Français divisés par les guerres civiles de la Fronde?

— Cette fin heureuse, sans mort d'homme sinon celle d'Araspe, tué en mission, qui est vite oubliée, et celle des deux traîtres à gages, qu'on n'a jamais vus, n'est-elle pas un des caractères particuliers de cette pièce? Quels sont les autres? Malgré cela, *Nicomède* mérite-t-il le nom de « tragédie », qu'on lui a contesté?

Phot. Larousse.

« Tout le peuple à grands cris demande Nicomède. » (Vers 1564.)
Frontispice de l'édition de 1660. Gravure de Matheus.

Phot. Lipnitzki.

« Ah! j'avouerai, Madame,
Que le ciel a versé ce conseil dans votre âme. » (Vers 1639-1640.)

ARSINOÉ (Louise Conte) et PRUSIAS (Jean Yonnel)
Comédie-Française (1950).

EXAMEN DE « NICOMÈDE » (1660)

Cet Examen *reproduit textuellement la plus grande partie de l'*Avis au lecteur *(sans la traduction de Justin), qu'on a pu lire pages* 38-40. *C'est seulement à partir de la ligne* 68 *de ce texte (page* 40*) que Corneille modifie sa rédaction de la façon suivante :*

Ce héros de ma façon sort un peu des règles de la tragédie, en ce qu'il ne cherche point à faire pitié par l'excès de ses infortunes[1]; mais le succès a montré que la fermeté des grands cœurs, qui n'excite que de l'admiration dans l'âme du spectateur, est quelquefois aussi agréable que la compassion que notre art[2] nous ordonne d'y produire par la représentation de leurs malheurs. Il en fait naître toutefois quelqu'une, mais elle ne va pas jusques à tirer des larmes. Son effet se borne à mettre les auditeurs dans les intérêts de ce prince et à leur faire former des souhaits pour ses prospérités.

Dans l'admiration qu'on a pour sa vertu, je trouve une manière de purger les passions[3] dont n'a point parlé Aristote, et qui est peut-être plus sûre que celle qu'il prescrit à la tragédie par le moyen de la pitié et de la crainte[4]. L'amour qu'elle nous donne pour cette vertu que nous admirons nous imprime de la haine pour le vice contraire. La grandeur de courage de Nicomède nous laisse une aversion de la pusillanimité; et la généreuse* reconnaissance d'Héraclius, qui expose sa vie pour Martian[5], à qui il est redevable de la sienne, nous jette dans l'horreur de l'ingratitude.

Je ne veux point dissimuler que cette pièce est une de celles pour qui j'ai le plus d'amitié. Aussi n'y remarquerai-je que ce défaut de la fin, qui va trop vite, comme je l'ai dit ailleurs[6], et où l'on peut même trouver quelque inégalité de mœurs[7] en Prusias et Flaminius, qui, après avoir pris la fuite sur la mer, s'avisent tout d'un coup de rappeler leur courage, et viennent se ranger auprès de la reine Arsinoé, pour mourir avec elle en la défendant. Flaminius y demeure en assez méchante posture, voyant réunir toute la famille royale,

---

1. *Infortunes :* dans l'Avis au lecteur nous avons *malheurs ;* **2.** C'est à partir de cet endroit seulement que l'Examen diffère de l'Avis au lecteur; **3.** *Purger les passions :* les corriger en les représentant sur la scène; **4.** Pour l'intelligence de ces termes souvent discutés et la question controversée des ressorts dramatiques, voir Corneille, *Discours de la tragédie* (1660) : passage du deuxième discours cité en appendice; **5.** Dans *Héraclius* (1647); **6.** Dans le discours des trois unités : « Le cinquième acte, par un privilège particulier, a quelque droit de presser un peu le temps, en sorte que la part de l'action qu'il représente en tienne davantage qu'il n'en faut pour sa représentation. La raison en est que le spectateur est alors dans l'impatience de voir la fin et que, quand elle dépend d'acteurs qui sont sortis du théâtre, tout l'entretien qu'on donne à ceux qui y demeurent, en attendant de leurs nouvelles, ne fait que languir et semble demeurer sans action [...] Prusias et Flaminius, dans le cinquième acte de *Nicomède*, n'ont pas tout le loisir dont ils auraient besoin pour se rejoindre sur la mer, consulter ensemble et revenir à la défense de la reine »; **7.** *Mœurs :* caractère.

malgré les soins qu'il avait pris de la diviser, et les instructions qu'il en avait apportées de Rome. Il s'y voit enlever par Nicomède les affections de cette reine et du prince Attale, qu'il avait choisis pour instruments à traverser sa grandeur, et semble n'être revenu que pour être témoin du triomphe qu'il remporte sur lui. D'abord j'avais fini la pièce sans les faire revenir et m'étais contenté de faire témoigner par Nicomède à sa belle-mère grand déplaisir de ce que la fuite du Roi ne lui permettait pas de lui rendre ses obéissances[1]. Cela ne démentait point l'effet historique, puisqu'il[2] laissait sa mort en incertitude, mais le goût des spectateurs, que nous avons accoutumés à voir rassembler tous nos personnages à la conclusion de cette sorte de poèmes, fut cause de ce changement, où je me résolus pour leur donner plus de satisfaction, bien qu'avec moins de régularité.

1. *Ses obéissances :* ses devoirs; 2. *Il :* cela.

DOCUMENTATION THÉMATIQUE

réunie par la Rédaction des Nouveaux Classiques Larousse

1. Les sources antiques de *Nicomède*.
2. *Discours de la tragédie* (1660).
3. *Nicomède* et le *Cosroès* de Jean Rotrou.

1. LES SOURCES ANTIQUES DE NICOMÈDE

Parmi les textes historiques dont s'est inspiré Corneille (voir Notice, page 16) les textes d'Appien et de Diodore de Sicile ont certainement complété la page de Justin dont il donne des extraits dans son *Avis au lecteur*. Voici ces deux textes :

« Prusias surnommé le Chasseur, épousa la sœur de Persée de Macédoine. La guerre étant survenue, peu de temps après, entre les Romains et Persée, le Bithynien garda la neutralité. Mais lorsque son beau-frère eut été fait prisonnier, il se présenta aux généraux romains, vêtu de la toge, chaussé à l'italienne, la tête rasée et coiffée du piléus, costume que prennent les esclaves auxquels leur maître a donné la liberté par testament. Ajoutez à cela une figure ignoble et une petite taille. La première chose qu'il dit, ce fut : « Je suis l'affranchi des Romains », et il le dit en langue latine. Les députés en rirent, et ils l'envoyèrent à Rome, où il se montra encore ridicule, et on lui fit grâce. Dans la suite Prusias, pour satisfaire sa haine contre Attale, roi de Pergame, ravagea cette contrée. A cette nouvelle, le sénat envoya défense à Prusias de continuer la guerre contre Attale, ami et allié du peuple romain. [...] Les Romains, le trouvant peu docile, envoyèrent d'autres ambassadeurs qui ordonnèrent à Prusias d'indemniser Attale des pertes qu'il lui avait causées. Effrayé à cette fois, il obéit et se retira. [...] Ce roi, que sa cruauté rendait odieux à ses sujets, avait un fils chéri des Bithyniens. Il en conçut de l'ombrage et envoya le jeune prince à Rome pour y demeurer. Ayant appris que Nicomède se faisait estimer là comme ailleurs, il le chargea d'intercéder auprès du sénat pour qu'on fît remise de ce qui restait à payer de la créance d'Attale; et il lui adjoignit Ménas, dont les instructions portaient que, si Nicomède obtenait la remise, il fallait le laisser vivre, sinon l'assassiner dans Rome. »

Appien, *Mithridate*, 2-7.

« Prusias se montra tout à fait indigne de la majesté royale par les honteuses flatteries que, pendant toute sa vie, il ne cessa d'adresser aux puissants du jour. Des envoyés de Rome s'étant rendus près de lui, il déposa les insignes de la royauté, la pourpre et le diadème, et, travesti en esclave nouvellement affranchi, il sortit à leur rencontre, la tête rasée, portant le bonnet blanc, la tunique et la chaussure d'esclave [...] Prusias était détesté des Bithyniens, qui le méprisaient parce qu'il avait le visage difforme et le corps affaibli par le luxe. Nicomède, après avoir battu l'armée de son propre père, le tua dans le temple où le malheureux roi s'était réfugié, et ce ne fut que par un meurtre aussi impie que Nicomède s'empara du pouvoir et monta sur le trône de Bithynie. »

Diodore de Sicile, Extraits des livres XXV et XXXII, traduction de Miot, tome VII.

2. DISCOURS DE LA TRAGÉDIE (1660)

A plusieurs reprises, dans son *Discours de la tragédie et des moyens de la traiter selon le vraisemblable ou le nécessaire*, Corneille prend pour exemple *Nicomède*. Les deux passages suivants, dans lesquels il se sert de cette pièce pour illustrer ses théories, pourront préciser la question controversée des ressorts dramatiques, qui n'est qu'effleurée dans l'Examen de *Nicomède*.
La première partie de ce deuxième *Discours* concerne la purgation des passions. Corneille expose la théorie d'Aristote, qui recommande de choisir un héros ni tout à fait bon ni tout à fait méchant. Il se demande toutefois si, même dans ces conditions, la purgation des passions peut s'effectuer par la terreur et la pitié. Il est vrai, ajoute-t-il aussitôt, qu'on est libre de n'exciter que la terreur ou la pitié, et il tire insensiblement de cette tolérance la faculté de peindre des héros tout méchants ou tout bons.

L'exclusion des personnes tout à fait vertueuses qui tombent dans le malheur bannit les martyrs de notre théâtre. Polyeucte y a réussi contre cette maxime, et Héraclius et Nicomède y ont plu, bien qu'ils n'impriment que de la pitié, et ne nous donnent rien à craindre, ni aucune passion à purger, puisque nous les y voyons opprimés et près de périr, sans aucune faute de leur part dont nous corriger sur leur exemple.
[...] Quelque difficulté qu'il y ait à trouver cette purgation effective et sensible des passions par le moyen de la pitié et de la crainte, il est aisé de nous accommoder avec Aristote. Nous n'avons qu'à dire que par cette façon de s'énoncer il n'a pas entendu que ces deux moyens y servissent toujours ensemble; et qu'il suffit selon lui de l'un des deux pour faire cette purgation, avec cette différence, toutefois, que la pitié n'y peut arriver sans la crainte, et que la crainte peut y parvenir sans la pitié. La mort du Comte n'en fait aucune dans *le Cid*, et peut toutefois mieux purger en nous cette sorte d'orgueil envieux de la gloire d'autrui, que toute la compassion que nous avons de Rodrigue et de Chimène ne purge les attachements de ce violent amour qui les rend à plaindre l'un et l'autre. L'auditeur peut avoir de la commisération pour Antiochus, pour Nicomède, pour Héraclius;

mais s'il en demeure là, et qu'il ne puisse craindre de tomber dans un pareil malheur, il ne guérira d'aucune passion. Au contraire, il n'en a point pour Cléopâtre, ni pour Prusias, ni pour Phocas; mais la crainte d'une infortune semblable ou approchante peut purger en une mère l'opiniâtreté à ne se point dessaisir du bien de ses enfants, en un mari le trop de déférence à une seconde femme au préjudice de ceux de son premier lit, en tout le monde l'avidité d'usurper le bien ou la dignité d'autrui par la violence; et tout cela proportionnément à la condition d'un chacun et à ce qu'il est capable d'entreprendre. Les déplaisirs et les irrésolutions d'Auguste dans *Cinna* peuvent faire ce dernier effet par la pitié et la crainte jointes ensemble; mais, comme je l'ai déjà dit, il n'arrive pas toujours que ceux que nous plaignons soient malheureux par leur faute. Quand ils sont innocents, la pitié que nous en prenons ne produit aucune crainte, et si nous en concevons quelqu'une qui purge nos passions, c'est par le moyen d'une autre personne que de celle qui nous fait pitié, et nous la devons toute à la force de l'exemple.

Discours de la Tragédie.

3. NICOMÈDE ET LE COSROÈS DE JEAN ROTROU

Représentée pour la première fois en 1648, publiée en 1649, la tragédie de *Cosroès* est, en général, considérée comme la meilleure pièce de Rotrou. Selon Jacques Schérer, qui en a publié récemment une édition critique (Société des textes français modernes, librairie Marcel Didier, Paris, 1950), elle reste, après les chefs-d'œuvre de Corneille et de Racine, une des œuvres les plus marquantes du théâtre classique.

Il se trouve que *Cosroès* est comme une ébauche des protagonistes de *Nicomède*.

Syra *(Arsinoé)*, seconde femme de *Cosroès (Prusias)*, roi de Perse, hautaine et passionnée, maîtresse de l'esprit de son mari, déclenche l'action en faisant décider l'abdication en faveur de son fils Mardesane *(Attale)*, dont la noblesse d'âme n'est pas inférieure à celle de son demi-frère Syroès *(Nicomède)*, premier fils de Cosroès. Rotrou noue autour de ces héros une intrigue serrée. Dès le début, il oppose les deux véritables antagonistes, Syroès et Syra. Si cette dernière sait très bien s'assurer le soutien de son mari en jouant une comédie digne d'Arsinoé (II, I), Syroès, lui, comme Nicomède, a l'appui de l'armée et du peuple. Le satrape Palmyras le lui rappelle et le pousse à agir (I, III). Par ailleurs, Syroès aime Narsée *(Laodice)*, dont l'utilité est contestée, mais qui permet d'ajouter aux tourments politiques du héros des tourments d'amour.

Syra ne pense pas qu'il soit suffisant d'arrêter Syroès. Elle veut le faire assassiner dans sa prison. Mais elle est devancée par son rival, qu'elle avait donné l'ordre d'arrêter, et, arrêtée elle-même, elle est contrainte de boire le poison qu'elle avait préparé pour son ennemi. Elle le brave et refuse sa grâce. Mardesane refuse à son tour le pardon de Syroès et se tue. Syra a bu le poison, et Cosroès, arrivé trop tard pour la sauver, se tue à son tour malgré l'entière soumission de Syroès, qui rend à son père le pouvoir royal qu'il venait de transmettre à Mardesane. Syroès se retrouve roi malgré lui.

Malgré les nombreuses différences que l'on peut relever si l'on compare la pièce de Rotrou à celle de Corneille, on est frappé de constater qu'en certains passages de *Cosroès* on croit lire *Nicomède*. La lecture des deux premières scènes de la tragédie de Rotrou et de quelques-uns de ces passages pris tout au long de la pièce le montrera clairement et permettra d'utiles rapprochements entre les deux œuvres tant du point de vue de la situation que des caractères.

La pièce commence par une exposition véhémente, où les personnages se crient leur haine sans aucune retenue. Cette première scène ne semble-t-elle pas nous mettre en présence d'Arsinoé et de Nicomède ?

ACTE PREMIER

Scène première

SYRA

Quoi! vous contre mon fils! vous son indigne frère!
Vous insolent!

SYROÈS

Madame, un peu moins de colère.

SYRA

Et me comprendre encor, dans votre différend!

SYROÈS

Je vous honore en reine, et l'estime en parent,
Mais s'il forge un fantôme, afin de le combattre...

SYRA

Je saurai bien perfide.

SYROÈS, *à part.*

Ah! cruelle marâtre.

SYRA

A qui lui déplaira, faire perdre le jour.
Et contre qui le hait lui montrer mon amour.

SYROÈS

Madame, quand le sang qui me le rend si proche,
Ne me laverait pas d'un semblable reproche,
Pour savoir à quel point je le dois respecter,
Il suffit de l'amour qu'on vous lui voit porter,
Il suffit qu'en ce fils nous voyons votre image,
Et que nous ne pouvons lui rendre assez d'hommage;
De ces raisons aussi me faisant une loi,
J'ai pour lui les respects qu'il dût avoir pour moi.

SYRA

Lui pour vous!

SYROÈS

Oui, pour moi, l'humeur où je vous trouve
Fait de ma patience une trop rude épreuve,
Et votre Majesté parlant sans passion,
Louerait ma retenue et ma discrétion.
Mon père est Cosroès, ma mère fut princesse,
Et le degré de l'âge et le droit de l'aînesse,
Et ce que pour l'État j'ai versé de mon sang,
Sur lui sans vanité m'acquièrent quelque rang,
Et mettent entre nous assez de différence,
Pour devoir l'obliger à quelque déférence;
Mais, Madame, cessons cet indigne entretien.

SYRA

Comparez-vous le sang d'Abdenède et le mien?

SYROÈS

Je sais que sa naissance à la vôtre inégale
Ne se peut pas vanter d'une tige royale,
Et qu'avant que la Perse obéît à vos lois,
Vous étiez déjà sœur, fille et veuve de rois.
Mais enfin devant vous, vous savez que ma mère
Possédait la puissance et le cœur de mon père,
Et cet honneur sans doute est le plus glorieux,
Qui sur vous aujourd'hui fasse jeter les yeux.

SYRA

Quand il m'a partagé l'éclat qui l'environne,
J'ai dans son alliance apporté ma couronne,
J'en achetai chez lui le degré que j'y tiens,
Et j'ai comme mes jours joint mes États aux siens;
Je lui dus sembler belle avec un diadème,

Abdenède avec lui n'apporta qu'elle-même,
Et le trésor encor n'était pas de grand prix.

SYROÈS

Il faut bien du respect à souffrir vos mépris.

SYRA

Vous vous plaindrez encor après votre insolence.

SYROÈS

Vous ne sauriez parler qu'avecque violence!
Cette fureur sied mal au rang que vous tenez.

SYRA

Il sied bien de ranger des esprits mutinés;
J'ai raison de venger mon sang de vos outrages,
Et gardez de me faire éclaircir vos ombrages.

SYROÈS

Je sais qu'il ne tient pas à choquer mon crédit
Que l'espoir de l'État ne me soit interdit,
Et que si contre moi mon père vous écoute,
Ma ruine bientôt éclaircira mon doute;
Par le bien qu'il vous veut, sur qui vous vous fiez,
Votre fils sur le trône a déjà l'un des pieds,
Et bientôt par votre aide il y porterait l'autre,
Si son ambiion répondait à la vôtre.
Mais dans ce grand projet à quoi vous l'occupez,
Il prévoit le péril des trônes usurpés,
A leurs superbes pieds il voit des précipices,
Et sait que des tyrans on fait des sacrifices,
Il sait qu'il est au Ciel un Maître souverain,
Qui leur ôte aisément le sceptre de la main,
Et dont le foudre est fait pour ce genre de crimes.
Pour tomber en faveur des princes légitimes;
Le crime lui plairait, mais la punition
Lui fait fermer l'oreille à votre ambition.

SYRA

C'est bien vous déclarer, et nous jurer la guerre,
Que de nous menacer du ciel et de la terre;
Nous verrons quel effet nous en succédera,
Mais je périrai, traître, ou mon fils règnera.

SYROÈS, *touchant son épée, dit hautement:*

Il faut donc que ce fer me devienne inutile,
Ce cœur sans sentiment et ce bras immobile.

SCÈNE II.

MARDESANE, *avec le bâton de général d'armée.*

Quel trouble, Syroès, émeut votre courroux,
Quoi, la main sur l'épée! Et la reine avec vous!
Dieux!

SYROÈS

J'y portais la main, mais sans aucune envie
Que...

SYRA, *s'en allant furieuse.*

Que de simplement attenter sur ma vie.

SYROÈS

Soleil, pour qui nos cœurs n'ont point d'obscurité,
Juge et témoin commun, tu sais la vérité,
Et tu la chéris trop, pour laisser impunie
Une si détestable et noire calomnie.

MARDESANE

Étais-je le sujet de votre différend?

SYROÈS

Elle m'entretenait des soins qu'elle vous rend,
Qui dessus votre front vont mettre la couronne.

MARDESANE

Vous peut-on dépouiller du droit qui vous la donne?

SYROES

Je lui montrais ce fer comme mon défenseur,
Si vivant, j'en voyais un autre possesseur.

MARDESANE

N'étions-nous pas d'accord touchant cette querelle?

SYROÈS

Je l'étais avec vous, mais non pas avec elle,
Et son ambition si son crédit n'est vain,
Vous mettra malgré vous le sceptre dans la main;
Mais ne souhaitez pas qu'elle vous réussisse;
Elle ne vous peut rendre un plus mauvais office,
Et je fais plus pour vous, de vous en détourner,
Qu'elle de vous l'offrir, et de vous couronner.

MARDESANE

Vous inquiétez-vous du zèle d'une mère,
Qui de ce vain espoir aime à se satisfaire?
Laissez-la se flatter de ces illusions,
Se plaire à se forger de belles visions,
A nourrir un beau songe, et l'en laissant séduire.
Moquez-vous d'un dessein qui ne peut rien produire,
Et vous en reposant sur ce que je vous dois,
En elle respectez la passion du roi :
Épargnez sa furie et l'ennui qui l'accable ,
Qui de tout autre soin le rendent incapable,
Et font qu'en son chagrin tout l'irrite et lui nuit.

SYROÈS

J'ai pour lui des respects dont j'obtiens peu de fruit,
Mais que j'acquierre enfin son amour ou sa haine,
Il faut laisser agir le courroux de la reine,
Et prendre avis du temps et des événements.

MARDESANE

Vous gardez vos soupçons et moi mes sentiments;
Et j'estime trop peu l'éclat d'une couronne,
Pour me gêner l'esprit du soin qu'elle vous donne;
Ce n'est qu'un joug pompeux, le repos m'est plus doux.

SYROÈS

Vous n'avez rien à faire, on travaille pour vous,
Et vous pouvez juger si l'empire a des charmes,
Par ceux que vous trouvez à commander nos armes;
Ce bâton que le roi vous a mis à la main,
Déjà sur les soldats vous a fait souverain;
Mais quand un peu de temps vous aura fait connaître,
Par son autorité le plaisir d'être maître,
Et de voir sous ses lois tout un État rangé,
Il vous plaira bien mieux en un sceptre changé,
Et l'essai que par lui vous ferez de l'empire,
Vous conduira sans peine ou votre mère aspire;
Votre consentement ne lui déniera rien.

MARDESANE

C'est votre sentiment et ce n'est pas le mien;
Non que je ne me sente et d'âme et de naissance;
Capable d'exercer cette illustre puissance;
Mais quelque auguste éclat qu'ait un bandeau royal,
Il ne me plairait pas sur un front déloyal.
L'Europe si féconde en puissances suprêmes,

Offre au sang qui m'anime assez de diadèmes,
Pour périr noblement ou pour n'en manquer pas,
Quand ils auront pour moi d'assez charmants appas;
Mais faites toujours fonds de vos intelligences,
Pratiquez vos amis, préparez vos vengeances,
Ouvrez-vous, faites-vous un parti si puissant,
Qu'il fasse évanouir ce fantôme naissant,
Ce pouvoir usurpé, ce règne imaginaire,
Que vous n'excusez pas de l'amour d'une mère.

SYROÈS

Puisque vous le voulez, il l'en faut excuser,
Et dessus votre foi j'ose m'en reposer;
Mais (et de cet avis conservez la mémoire),
Si m'ayant sur ce gage obligé de vous croire,
De son ambition goûtant mieux les appas,
Vous vous laissez gagner, ne me pardonnez pas.
Et pour bien établir l'heur qu'elle vous destine,
Avant votre fortune, assurez ma ruine;
Otez-vous tout obstacle et de mon monument,
A mon trône usurpé faites un fondement,
Lavez-le de mon sang avant que d'y paraître;
Si non, n'espérez pas être longtemps mon maître.

MARDESANE, *voyant venir Palmyras.*

Il est bien malaisé de vous dissuader!
Palmyras qui me voit n'ose vous aborder,
Et comme vous encor m'impute sa disgrâce;
(A Palmyras, s'en allant.)
Entrez, je me retire et vous cède la place.
Je vous suis importun.

[Ainsi, Mardesane, qui connaît les projets que sa mère nourrit pour lui, ne partage pas l'ambition de la reine; il affirme d'ailleurs à son demi-frère qu'il ne tient pas à régner. Quant à Syroès, il ne peut jamais choisir entre son respect pour un père criminel (Cosroès a tué son père pour accéder au pouvoir) et l'obligation de tuer ce père pour sauver sa propre vie, et même sa propre « gloire ». Poussé par les mécontents, et notamment par le satrape Palmyras, il se décidera à s'emparer du trône quand il apprendra que le roi veut faire couronner Mardesane par l'armée.]

SCÈNE III (Vers 229-248 et 259-266.)

PALMYRAS

Comme un soleil naissant le peuple vous regarde,
Et ne pouvant souffrir celui qui vous retarde,

Déteste de le voir, si près de son couchant,
Traîner si loin son âge imbécile et penchant.
Son esprit agité du meurtre de son père, [...]
Ne lui laisse de roi que le sang et le nom.
Le crédit d'une femme en a tout l'exercice.
Ravissez votre bien qu'on ne vous le ravisse.
Qui peut insolemment prétendre à votre rang,
Par le même attentat en veut à votre sang;
La reine, qui vous craint, a trop de politique
Pour laisser un appât à la haine publique
Et vous chassant du trône oser vous épargner;
Il faut absolument ou périr ou régner. [...]

SYROÈS

Laisser ravir un trône est une lâcheté,
Mais en chasser un père est une impiété. [...]

PALMYRAS

Vous ne l'en chassez pas puisqu'il en veut sortir,
Ou que votre marâtre, à mieux parler, l'en chasse,
Pour y faire à son fils occuper votre place.

[Quant au roi, il a la naïveté et la servilité de Prusias dans son amour sénile.]

JUGEMENTS SUR « NICOMÈDE »

XVIIe SIÈCLE

Le double caractère, à la fois tragique et comique, de Nicomède *explique pour une bonne part les destinées diverses de ce drame original. Au XVIIe siècle, les circonstances aidant, il est bien accueilli et applaudi par un public qui y voyait des allusions que l'auteur n'y avait peut-être pas toutes mises. La pièce tint bien la scène jusqu'au XVIIIe siècle. Il n'en faut pour preuve que l'éloge sincère, semble-t-il, d'un mauvais poète :*

Achevant de verbaliser,
Gazetiser, nouvelliser,
D'un monsieur d'assez bonne mine
J'apprends que chez mon héroïne [Madame]
Jeudi, la troupe de l'Hôtel,
Par un poème non tel quel,
Charma très nombreuse assemblée,
De beaux et de belles comblée,
Frisés et musqués comme il faut,
Et braves par bas et par haut.
Nicomède était le poème,
Digne d'une louange extrême.
Il est de Corneille, l'aîné,
Qui fut, je crois, prédestiné
Pour emporter dans le tragique
Tout seul l'honneur du dramatique.

Robinet,
Lettre à Madame (17 nov. 1668).

La Bruyère admire l'écrivain et l'historien; Boileau, un des premiers, sent toute l'originalité du théâtre cornélien et, dans sa Lettre à Perrault, *il se souvient certainement de l'Avis au lecteur de* Nicomède *:*

Un autre est simple, timide, d'une ennuyeuse conversation [...]. Laissez-le s'élever par la composition : il n'est pas au-dessous d'*Auguste*, de *Pompée*, de *Nicomède*, d'*Héraclius*; il est roi et un grand roi; il est politique, il est philosophe; il entreprend de faire parler des héros, de les faire agir; il peint les Romains : ils sont plus grands et plus Romains dans ses vers que dans leur histoire.

La Bruyère,
les Caractères (Des jugements) [1691].

Pouvez-vous nier que ce ne soit dans Tite-Live, dans Dion Cassius, dans Plutarque, dans Lucain et dans Sénèque, que M. de Corneille a pris ses plus beaux traits, a puisé ces grandes idées qui lui ont fait inventer un nouveau genre de tragédie inconnu à Aristote?

Car c'est sur ce pied, à mon avis, qu'on doit regarder quantité de ses plus belles pièces de théâtre où, se mettant au-dessus des règles de ce philosophe, il n'a point songé, comme les poètes de l'ancienne tragédie, à émouvoir la pitié et la terreur, mais à exciter dans l'âme des spectateurs, par la sublimité des pensées et par la beauté des sentiments, une certaine admiration, dont plusieurs personnes, et les jeunes gens surtout, s'accommodent souvent beaucoup mieux que des véritables passions tragiques [...].

Corneille a inventé une nouvelle sorte de tragédie dont le fond est l'admiration.

Boileau,
Lettre à Perrault (1700).

XVIIIe SIÈCLE

Au XVIIIe siècle, les lettrés étroitement classiques sont plus favorables à Racine qu'à Corneille. On connaît le Commentaire *de Voltaire de plus en plus sec et malveillant, jusqu'à devenir hargneux, à mesure qu'il avance. Nombreux sont dans* Nicomède *les passages qui heurtent son faux idéal de noblesse tragique. Il se complaît plutôt à affirmer que* « dans *Nicomède,* tout est petit, presque tout est grossier [...]. Une grande partie de cette pièce est en style burlesque ». *La Harpe se borne à répéter le maître.*

Une intrigue dont le dénouement heureux ne coûte ni de sang aux personnages, ni de larmes aux spectateurs. [...]

Cette pièce est peut-être une des plus fortes preuves du génie de Corneille, et je ne suis pas étonné de l'affection qu'il avait pour elle. Ce genre est non seulement le moins théâtral de tous, mais le plus difficile à traiter. Il n'a point cette magie qui transporte l'âme comme le dit si bien Horace.

Ille per extentum... (Ép. I, livre II, vers 216.)

[...] Qu'est-ce qu'une tragédie qui ne fait pas pleurer?

[...] Ce genre de tragédie ne se soutenant point par un sujet pathétique, par de grands tableaux, par les fureurs des passions, l'auteur ne peut qu'exciter un sentiment d'admiration pour le héros de la pièce. L'admiration n'émeut guère l'âme, ne la trouble point. C'est de tous les sentiments celui qui se refroidit le plus tôt. Le caractère de Nicomède avec une intrigue terrible telle que celle de *Rodogune* eût été un chef-d'œuvre.

Voltaire,
Commentaire sur Corneille (1764).

Aucun des personnages n'est jamais dans un véritable danger. C'est une intrigue domestique à la cour d'un roi vieux et faible, à qui l'on veut donner un successeur. Une belle-mère ambitieuse veut écarter Nicomède du trône et y placer son fils Attale; les ressorts de l'intrigue sont entre les mains de deux subalternes qui ne paraissent même pas : ce sont deux faux témoins subornés par la reine et qu'elle prétend subornés par Nicomède. Il s'agit d'un projet d'empoisonnement; mais l'accusation est si peu vraisemblable, Nicomède si puissant, si bien soutenu par ses exploits et par la faveur du peuple; et, d'un autre côté, la reine a tellement subjugué la vieillesse de Prusias qu'il est impossible de craindre pour personne. Le dénouement est très défectueux, parce qu'il se trouve à la fin qu'Attale, méprisé par Nicomède et traité d'homme sans cœur, fait une action de générosité très éclatante, et que tout à coup Nicomède lui est redevable de la vie, sans que l'on comprenne bien comment cette vie a été en péril. Joignez à ces défauts la faiblesse et l'avilissement extrême de Prusias, et l'on conviendra que Voltaire a raison quand il dit que l'auteur aurait dû appeler cet ouvrage « comédie héroïque » et non pas « tragédie » [...].

Les Anciens n'avaient jamais connu cet alliage du tragique et du familier, du sérieux et du bouffon marqué au coin de la barbarie.

La Harpe,
Lycée (1799).

XIXe SIÈCLE

Nicomède *va être réhabilité au cours du XIXe siècle. Le génie de Talma, les goûts de Napoléon, le développement du mélodrame et le caractère de l'époque peuvent expliquer cette popularité nouvelle du drame cornélien. Corneille va connaître avec le triomphe du romantisme un regain de faveur et de gloire. Puis l'échec du théâtre romantique l'écarte pour vingt ans de la scène. Il faut attendre l'essor de la critique littéraire après 1850 pour qu'on l'étudie véritablement et sérieusement. Mais* Nicomède *est plus lu que joué.*

Le critique littéraire Geoffroy étudie Corneille avec chaleur pendant dix ans dans les colonnes du Journal des débats *et dans son* Cours de littérature dramatique. *Il y prend le contrepied du Commentaire de Voltaire. Il va jusqu'à dire : «* Nicomède *attache beaucoup plus que* Zaïre. *» Et il lui arrive de rechercher l'antithèse plus que la vérité.*

Nicomède est une tragédie unique en son espèce [...].

Après avoir exalté Rome dans ses premières tragédies, Corneille prit plaisir à l'humilier dans *Nicomède;* son génie renversa l'idole que son génie avait élevée, et, après avoir exagéré les vertus de la république, il essaya de rendre odieuses les intrigues du sénat [...].

Les héros seuls, du moins, excitent l'admiration, tandis que le premier malheureux ou scélérat excite la pitié.

Louis Geoffroy,
Cours de littérature dramatique (1819).

Le chef de l'école nouvelle se plaît à voir en l'auteur de Nicomède *un précurseur, un génie tout moderne. La critique renchérit avec Sainte-Beuve :*

C'est après avoir été ainsi rompu dès son premier jet, que ce génie, tout moderne, tout nourri du Moyen Age et de l'Espagne, forcé de se mentir à lui-même et de se jeter dans l'Antiquité, nous donna cette Rome castillane, sublime sans contredit, mais où, excepté peut-être dans le *Nicomède* si moqué au dernier siècle pour sa fière et naïve couleur, on ne retrouve ni la Rome véritable ni le vrai Corneille.

Victor Hugo,
Préface de « Cromwell » (1827).

[L'auteur] prierait volontiers les personnes que cet ouvrage a pu choquer de relire *le Cid, Don Sanche, Nicomède,* ou plutôt tout Corneille et tout Molière, ces grands et admirables poètes. Cette lecture, si pourtant elles veulent bien faire la part de l'immense infériorité de l'auteur d'*Hernani,* les rendra peut-être moins sévères pour certaines choses qui ont pu les blesser dans la forme et dans le fond de ce drame.

Victor Hugo,
Préface d'*Hernani* (9 mars 1830).

Nous ne le suivrons pas dans les divers succès qui marquèrent sa carrière durant ses quinze plus belles années. *Polyeucte, Pompée, le Menteur, Rodogune, Héraclius, Don Sanche* et *Nicomède* en sont les signes durables [...].

[Corneille] rentra dans le génie castillan par *Héraclius,* surtout par *Nicomède* et *Don Sanche,* ces deux admirables créations, uniques sur notre théâtre, et qui, venues en pleine Fronde, et par leur singulier mélange d'héroïsme romanesque et d'ironie familière, soulevaient mille allusions malignes et généreuses et arrachaient d'universels applaudissements.

Sainte-Beuve,
Portraits littéraires,
Corneille (1828)

Après une période d'oubli, où Corneille n'est plus joué, la critique littéraire multiplie les études sur son œuvre, et à partir des dernières années du XIXe *siècle et jusqu'à nos jours le prestige de Corneille remonte lentement :*

Dans la situation de Nicomède, la nécessité de braver et d'insulter tout ce qui l'entoure n'est pas assez évidente pour que cette perpétuelle bravade ne paraisse pas quelquefois hors de propos.

Guizot,
Corneille et son temps (1852).

C'est à peine une tragédie, tant l'action en est simple et l'intérêt dramatique effacé par l'intérêt historique. Les personnages sont de véritables abstractions et représentent des idées, des principes, plutôt qu'ils n'expriment des sentiments individuels en découvrant leurs propres passions.

Ernest Desjardins,
le Grand Corneille historien (1861).

Corneille seul pouvait entreprendre de tirer de [ces] vingt lignes de Justin un large tableau de la politique romaine aux prises, dans l'Asie barbare, avec les dynasties locales affaiblies et les résistances nationales exaspérées. Il eût pu personnifier cette résistance du monde asiatique dans le personnage fameux de Mithridate; mais ce prince, trop célèbre, laissait moins de liberté à son imagination créatrice. Il lui préféra l'obscur Nicomède et, pour tracer un portrait tout historique, voulut ne demander qu'un nom à l'histoire. Rien n'est plus cornélien que ce procédé, qui enferme un tableau vrai dans un cadre tout romanesque.

Petit de Julleville,
Théâtre choisi de Corneille, Notice sur *Nicomède* (1886).

Si le protagoniste n'agit plus, ce sera pourtant sa puissance d'agir que [Corneille] étudiera : et il s'appliquera à noter moins la misère de son destin que la tension de sa volonté, qui fera équilibre à toutes les pressions du dehors. Pour mesurer exactement cette tension, le poète fera agir contre lui les personnages secondaires. [...] Arsinoé, Flaminius, Attale travailleront contre ou pour Nicomède. [...]

Et voilà bien la raison de la froideur qui, dès *Théodore* et dès *Nicomède,* glace la tragédie cornélienne, la rendant presque injouable, en dépit des beautés de caractère et des délicatesses de psychologie, en dépit de l'originalité des peintures de la vie politique. Les héros sont des « termes » imposants, mais des « termes » : l'action vient des comparses. Quoi qu'en pense Corneille, elle n'exprime plus les héros. [...]

Nicomède, arrêté, ne frémit pas; délivré, il n'exulte pas. Je participe à son calme. Voilà comment Corneille arrive à faire des pièces où il y a des criminels et pas de victimes, des malheurs et pas de malheureux. On s'étonne, quelquefois on admire : on n'est ni effrayé ni attendri. On sait que cela ne finit jamais mal pour le héros, même s'il meurt.

Mais alors ces complots des méchants, ces dénouements sanglants nous font l'effet de simples machines de théâtre. L'impassibilité du héros répand sa froideur sur l'action. Et quand, au théâtre, des menées de scélérats, des meurtres ne troublent pas le spectateur, cela vient souvent de ce qu'il y reste incrédule; mais cela fait aussi parfois qu'il y soit incrédule. Le ton posé du dialogue, la familiarité des sentiments, la sérénité ironique ou altière du personnage principal, tout cela ne nous prépare guère au fracas d'un dénouement sanglant : il nous paraît que le poète l'a voulu tel, pour que sa pièce fût tragédie.

Gustave Lanson,
Corneille (pages 140-142) [1898].

Somme toute, *Nicomède* et *Don Sanche* sont des pièces romantiques à peu près également et sont même des modèles de théâtre romantique.

Le héros Nicomède y est généreux, intrépide, chevaleresque et absolument impeccable, par conséquent ne répond point du tout au canon d'Aristote qui veut que le héros ne soit ni tout bon ni tout méchant, et n'en est pas plus mauvais pour cela. A qui voudrait absolument le ramener un peu à l'idéal aristotélicien, je conseillerai de dire qu'il a un défaut qui est la hauteur, l'arrogance et l'ironie, et que, par conséquent, il n'est pas tout bon; mais peut-être bien que cela ne ferait que blanchir, l'impertinence d'un grand seigneur, du reste cavalier parfait, ne passant point du tout aux yeux du public pour un défaut et Nicomède étant ainsi ramené à être un héros de théâtre sans imperfection. [...]

C'est à propos de Nicomède que Corneille a trouvé ce qui peut être considéré comme la formule de son théâtre : le pathétique de l'admiration.

Émile Faguet,
En lisant Corneille (pages 180-181) [1913].

XXᵉ SIÈCLE

La critique du XXᵉ siècle va réagir contre cette sorte d' « intellectualisme » où se perdaient les études de la fin du siècle précédent. Elle va s'efforcer de redonner au théâtre de Corneille vie et jeunesse, le débarrassant de tous ces lieux communs, de tous ces clichés trop scolaires, de ce conformisme qui le rendaient ennuyeux :

Ce qu'il y a de nouveau dans *Nicomède*, c'est le caractère d'Attale. La tragédie est une crise : elle commence à la veille du jour où elle va se dénouer; les lois des trois unités sont ainsi justifiées. Mais à cela nous perdons ce que nous trouvons dans le théâtre romantique, l'évolution d'un caractère [...]. Dans *Nicomède*, on trouve l'histoire d'un jeune homme dont on croit l'âme romaine et qui, de retour chez lui, se rapproche de Nicomède par l'admiration, puis par la tendresse et sous l'influence de sa patrie. *Nicomède*, c'est la conquête d'Attale par son pays natal.

André Bellessort,
Cours inédit (1914).

Même dans ses années de royauté incontestée, il semble se plaire à débuter toujours. *Nicomède* est donc le tâtonnement d'un maître âgé de quarante-cinq ans, chargé de multiples lauriers, et qui ne s'y repose point. Il dira plus tard : « Je ne veux point dissimuler que cette pièce est une de celles pour qui j'ai le plus d'amitié. » Cela est naturel; il s'y est librement déployé. Son type de héros intrépide, orgueilleux et disert s'y dessine mieux qu'ailleurs. Aucune de ses pièces ne lui ressemble davantage; *Nicomède* est de toutes la plus cornélienne [...].

Paul Desjardins,
cité par Jean Schlumberger, *Plaisir à Corneille* (page 160).

Et dans le *no man's land* que Corneille explore à cette époque, voici, parfaitement symétrique à cette comédie héroïque [*Don Sanche d'Aragon*], la tragi-comédie de *Nicomède* [...]. La pièce est une des très belles de notre théâtre, vivante, virile; le moule tragique a subsisté, avec ses conventions, et c'est ce qui favorise tant de malentendus; mais l'expression directe et passionnée des sentiments a fait place à des duels plus couverts, plus subtils. La hautaine ironie de Nicomède [...] donne une couleur particulière à l'ouvrage [...]. Tragédie, elle l'est cependant en quelque manière par sa toile de fond : le conflit entre deux puissances, deux éthiques, que Corneille admire l'une et l'autre mais qu'il sait inconciliables. D'un côté la République romaine avec ses dures vertus, sa ténacité, sa méthode, qui vont lui donner l'empire du monde; de l'autre les rois, représentants les plus hauts de l'autonomie et du pouvoir. Corneille sait bien que ces rois, images des dieux, seront écrasés par la politique romaine, mais il sait aussi qu'au bout d'un certain nombre de siècles la république refera place aux rois. Ces deux formes de grandeur sont incompatibles; c'est dire que leur opposition est tragique. La partialité du poète est cette fois du côté des rois, mais il dresse en face de son Nicomède un Flaminius qui représente assez redoutablement la puissance anonyme de Rome pour que la balance reste égale [...].

Toutes ses tragédies, à vrai dire, participent à cet optimisme volontaire, puisqu'elles se terminent par une victoire de la force d'âme (et même, le plus souvent — ce qui les affadit un peu —, par des mariages); le spectateur ne s'en va jamais sous l'empire de la terreur devant les puissances obscures ou de la pitié sur son propre sort, mais bien dans l'exaltation. C'est pourquoi le théâtre de Corneille est tonique, mais c'est aussi pourquoi il est un peu court, faute d'abîmes, de défaites, de désespoir.

Jean Schlumberger,
Plaisir à Corneille, page 161 (1936).

Hugo ne voyait pas si mal les choses lorsqu'il nommait *Nicomède* à côté du *Cid* et de *Don Sanche* parmi les ancêtres du drame de tons mêlés. Et il n'y a pas d'œuvre sans doute où nous pouvons mieux comprendre ce qu'il y a de hardi, de jeune, de révolutionnaire et parfois d'anarchiste dans le génie de Pierre Corneille. [...]

Le gâtisme royal n'a jamais été peint avec une rigueur plus amère que dans ces personnages de Valens et de Prusias : où a-t-il pris ces modèles, où a-t-il pris cette conception véritablement ubuesque de la famille? [...]

Dans Corneille, il y a certain conglomérat de bassesse et de lâcheté, de ruse ignoble, de combinaisons louches, qui dépasse les mieux dessinés des héros de Shakespeare. Pensons encore une fois à Félix et à Prusias. On pourrait en trouver quinze autres, dans des tragédies moins connues, où, par avance, l'auteur de l'admirable cri :

« Ah! ne me brouillez point avec la république! »

a dessiné toute une galerie de figures « parlementaires » dont nous pouvons mieux apprécier aujourd'hui l'acide saveur. [...]

Et si nous considérons les œuvres les moins connues, nous ne tarderons pas à penser que Corneille s'est presque constamment attaché à découvrir dans l'histoire romaine les instants où la force de Rome entre en lutte avec une autre force, qu'il révère autant, et qui est la force du nationalisme moderne. *Nicomède* n'est pas autre chose, où tout en reconnaissant la grandeur de l'Empire, le jeune prince héroïque tente de faire retrouver à un père indigne, à un frère naïf, la grandeur propre de sa patrie. [...]

A tout le moins [Corneille] a-t-il compris que Rome n'est intéressante pour un dramaturge, que si elle s'oppose à d'autres forces, et ces autres forces, son génie est allé les chercher dans la naissance des grands courants du monde moderne, christianisme ou nationalisme.

Robert Brasillach,
Corneille (pages 198, 202, 205, 208) [1938].

Nicomède est la plus équilibrée des tragédies cornéliennes [...]. Voilà les trois pôles de l'imagination de Corneille : héroïsme, galanterie, réalisme; voilà les ingrédients dont il compose ses pièces. Il est rare que l'un des trois manque [...].

Le génie de Corneille est un génie beaucoup plus dramatique que tragique [...]. Corneille est dramaturge né : partout il voit le contraste; il a le génie antithétique; il peint la lutte entre les deux inclinations de l'être, vers le grand et vers l'utile, entre l'héroïsme et le réalisme. Parfois, la lutte est intérieure : c'est le cas chez Auguste. Souvent elle est extérieure : Prusias contre Nicomède. Ici comme là, le drame éclate.

René Bray,
Introduction au théâtre de Corneille (1948).

L'amour emphatique des grandeurs et le penchant à se célébrer soi-même marquent à peu près indistinctement tous les caractères de Corneille : à tous la « gloire » imprime le même air de famille. On cite Nicomède, chantant sa propre valeur sur tous les tons, et faisant d'une tragédie entière un hymne du héros à lui-même; mais Nicomède ne diffère pas essentiellement des autres. Rodrigue, s'il souffre davantage, ne s'estime pas moins. Horace, mis en accusation devant le roi après le meurtre de sa sœur, n'oublie pas ce qu'il vaut [...]. Pour être complet, ce sont tous les héros de Corneille qu'il faudrait faire comparaître. Douter de soi serait, pour n'importe lequel d'entre eux, sortir du caractère héroïque. [...]

En tout ceci, l'actualité n'agit pas sur les œuvres littéraires par le détail des événements, mais par les conditions générales et par l'atmosphère.

Paul Bénichou,
Morales du Grand Siècle (1948).

On ne parle que peu d'amour dans *Nicomède;* le couple serein n'y rencontre aucun obstacle surgi du fond de son intimité; l'obstacle, c'est Rome qui prend ombrage de l'union des deux couronnes d'Arménie et de Bithynie. La manœuvre politique se dessine déjà à la cour de Prusias, où intriguent l'ambassadeur romain et la reine Arsinoé en faveur de son fils Attale. Laodice fait part à Nicomède de son inquiétude. [...] Mais ce tête-à-tête ému ne se prolonge que pour situer le péril, préciser les menaces. Il tourne court et ne sera pas repris au cours de la pièce. Cependant, on peut du dehors suivre chez Laodice le mouvement propre à l'amour, qui est l'admiration. La maîtrise de soi, l'ironie, mais aussi la générosité de Nicomède font si avant la conquête de la princesse que celle-ci l'imite ingénument en toute chose, prend son allure et jusqu'à son langage. A la fin, elle n'est plus que le reflet ou, si l'on préfère, une création du héros. Ce modelage d'une âme par l'amour-admiration était du dessein de Corneille : « Ce héros de ma façon sort un peu des règles de la tragédie, en ce qu'il ne cherche point à faire pitié par l'excès de ses malheurs; mais le succès a montré que la fermeté des grands cœurs, qui n'excite que de l'admiration dans l'âme du spectateur, est quelquefois aussi agréable que la compassion que notre art commande de mendier pour leurs misères. » On saisit l'originalité et les limites d'une tentative qui prétend dissocier sur la scène les éléments psychologiques des périls et des malheurs, le héros de la fatalité. L'art cornélien est en train d'exténuer le tragique; il aboutit à l'illustration d'un parti pris sur la volonté et sur l'héroïsme; au-delà cesserait toute vérité humaine, sinon peut-être toute vérité d'art.

Octave Nadal,
le Sentiment de l'amour dans l'œuvre de Pierre Corneille
(pages 220-221) [1948].

R. Kemp a pu évoquer, dans un compte rendu d'une reprise de Nicomède à la Comédie-Française, une « période toute proche de la nôtre » :

Les scènes extraordinaires où Nicomède tisonnant la fierté mourante de Prusias et refusant à Flaminius de faire hommage de serf à la puissance de Rome; où il brave les menaces de dévastation du pays, dont on veut l'effrayer, rappelant qu'il n'est point de peuple invincible, et que Rome a été battue à Trasimène; ces dialogues rayonnant de vérité et de courage dont on tire confiance, il nous semble les reconnaître. Quatre ans nous avons entendu du Prusias; quatre ans les sursauts de la Bithynie ont été traités d'imprudences insensées et j'entends encore la hideuse voix nasale qui pénétrait dans toutes les maisons pour dire qu'il ne resterait pas pierre sur pierre de nos villes et de nos fermes si on prétendait expulser les Romains [...]. D'autres voix venaient de plus loin, qui parlaient comme Nicomède. On mettrait aisément des noms derrière ceux de Prusias, de Flaminius et du jeune prince.

Robert Kemp,
le Monde (1er décembre 1950).

La nouvelle œuvre se distingue encore des précédentes en ce qu'elle revient à la simplicité de ligne des grandes tragédies. Nulle complication d'intrigue, pas de naissance mystérieuse, ni de coupe empoisonnée, ni de substitutions d'enfant, ni de cassette révélatrice. Rien que des attitudes qui se heurtent. Des oppositions de caractère et de situation. Une lutte digne de l'austère grandeur de Rome.

Et pourtant, cette vue sans être fausse est incomplète et peut-être laisse-t-elle dans l'ombre ce qui fait l'intérêt vivant de la pièce. *Nicomède* est une tragédie, mais que Corneille n'aurait pas songé à écrire en 1640, et qui n'est concevable qu'à l'époque où elle fut composée. Elle porte très fortement la marque de son temps. Elle reste avant tout romanesque. [...]

Nicomède est la tragédie romanesque qui répond à l'idéal de cette génération, mais qui s'élève au-dessus des formes médiocres où cet idéal s'était jusqu'alors exprimé. [...] De Rodrigue à Nicomède, les différences sont celles qui apparaissent entre les jeunes gentilhommes qui versèrent leur sang dans les premières batailles de la guerre de Trente Ans, et ceux qui, autour du Grand Condé, venaient de gagner la bataille de Lens, avaient mené le siège de Paris et désolaient maintenant le royaume par leur indiscipline.

Antoine Adam,
Histoire de la littérature française au XVIIe siècle
(tome II, page 376) [1951].

La générosité de Nicomède et celle de Condé; leurs deux destinées de chefs militaires glorieux puis prisonniers, victimes d'une basse raison d'Etat et qui se défendent par une même apologie;

le projet d'exécuter Nicomède puis de l'embarquer sur les galères romaines et l'idée d'envoyer « Dieu sait où » M. le Prince ; le « siège » du palais royal par la foule parisienne et du palais de Prusias par le peuple de Nicomédie, voilà une bien troublante série de parallélismes. Voilà aussi bien des événements dont on ne trouve aucune trace chez les historiens anciens. Comment douter que Corneille ait pris son inspiration dans la rue plutôt que dans les livres ? Nous croyons pour notre part que la clef de *Nicomède* est l'histoire intérieure de notre pays dans l'année 1650-1651. Nicomède est M. le Prince clairement reconnaissable ; clairement reconnu, voulu ressemblant et fêté comme tel.

Nous ne voulons pas dire que la confrontation de *Nicomède* et de la politique intérieure contemporaine donne une explication totale de la pièce. Elle a d'autres aspects et s'attache notamment à un problème de politique étrangère. *Nicomède* renoue ainsi avec des préoccupations que Corneille a un peu abandonnées après *Pompée* pour étudier des cas psychologiques exceptionnels. Le voici qui revient aux grands sujets de politique romaine qui avaient assuré sa gloire. *Nicomède* continue dignement la série d'*Horace*, de *Cinna*, plus encore de *Pompée*. Pièce d'une simplicité très étudiée, elle est très classique parce que très susceptible de généralisation [...].

Les vrais chefs-d'œuvre ne se bornent pas à éclairer le passé ; leur vertu explicative s'étend à des situations que ne pouvait pas prévoir l'auteur lui-même. On a pu évoquer *Nicomède* à propos de périodes toutes proches de la nôtre (voir Brasillach, *Corneille*, Paris, 1938, page 293) ; et le rapprochement est parfaitement légitime : une œuvre classique, c'est aussi cette richesse de virtualités qui prolonge sa vie bien au-delà de sa première apparition.

Georges Couton,
Corneille et la Fronde (pages 75-76) [1951].

Si Corneille, dans la moitié de son œuvre, nous conte dix siècles d'histoire romaine, ce n'est pas Rome et la cité antique qui en sont l'âme et le but, mais les vicissitudes d'un empire exemplaire, saisi à sa naissance ou à sa décomposition, du dehors, d'Orient le plus souvent, et dans une perspective où le héros — Nicomède, Sertorius ou Polyeucte — flétrit ce réalisme romain si bassement machiavélique, ce faux colosse impavide si plein de lui-même, cette politique tyrannique qui feint de défendre la liberté, ce pharisaïsme pieux si étranger à la véritable spiritualité.

André Stegmann,
Introduction au théâtre de Pierre Corneille (1957).

Le tragique même de l'amour se ramène toujours chez Corneille à cette insurmontable inégalité des âmes [...]. Polyeucte et Pauline formaient un couple parfait : deux âmes d'une égale beauté ; mais la conversion du mari le met tout à coup infiniment au-dessus de sa femme, et toute la tragédie est là. Autre couple parfait : Nicomède et Laodice; ceux-là restent à égalité jusqu'à la fin, mais aussi Corneille nous avertit que son héros n'est pas tragique [...].

Impossible de suivre Roger Caillois dans sa séduisante hypothèse d'un amoralisme cornélien. Qu'on ne nous dise pas que le héros cornélien n'a cure, au fond, des causes pour lesquelles il se bat, pourvu qu'il se batte, et qu'il sert son roi ou sa patrie exactement comme il les combattrait, c'est-à-dire en cherchant seulement à s'illustrer et à affirmer orgueilleusement son moi, en grand féodal encore mal soumis au joug de l'absolutisme royal : il suffit de penser à Nicomède. Admettons même que les héros de Corneille en servant leur père, leur pays ou leur roi, pensent surtout à leur propre gloire : il reste qu'ils les servent et que Corneille n'a jamais choisi pour héros Alcibiade ou Coriolan (si Nicomède est Condé, c'est Condé prisonnier de Mazarin, et non Condé allié des Espagnols : voyez les dates).

Louis Herland,
Corneille par lui-même (pages 94-96) [1959].

Bien qu'il y ait, dans son théâtre, des amoureux, ses sujets sont surtout moraux et politiques. C'est loin d'être une faute. La politique est dramatique; elle fait naître, chez les hommes, des sentiments forts : ambition, peur, désir de vengeance, clémence. Corneille en parle avec cette précision, cette connaissance profonde, ce sérieux d'invention qu'aura plus tard Balzac pour exposer les affaires financières ou commerciales.

André Maurois,
Corneille, cet auteur actuel,
dans *le Figaro littéraire* (26 décembre 1963).

SUJETS DE DEVOIRS ET D'EXPOSÉS

NARRATIONS

● Avant de débuter devant le roi, au Louvre (24 octobre 1658), Molière réunit sa troupe et lui expose les raisons qui l'ont amené à choisir *Nicomède* pour cette représentation mémorable. Imaginez la scène et le discours.

● Un salon de précieuses après la représentation de *Nicomède*. On s'entretient de la nouvelle pièce de M. de Corneille. Imaginez la scène et les propos.

● Un courtisan vient d'assister à la première de *Nicomède*. Il écrit à un ami de province pour lui donner ses impressions sur la pièce et lui faire part des réactions du public. (Ne pas oublier que nous sommes en pleine Fronde des princes.)

● La troupe de votre lycée veut monter *Nicomède*. Une discussion s'engage soit sur le décor, soit sur la distribution des rôles.

● Racontez *Nicomède* : 1° en faisant ressortir le drame politique (« la journée des dupes ») et la tragédie; 2° en mettant en relief le drame bourgeois et la comédie; 3° en dégageant les péripéties romanesques de cette journée.

● Imaginez le scénario et le découpage cinématographique qui permettraient de porter *Nicomède* à l'écran.

DISSERTATIONS

● Corneille écrit dans l'Avis au lecteur de *Nicomède :*
« Mon principal but a été de peindre la politique des Romains au dehors. » Comment la tragédie de *Nicomède* forme-t-elle, avec d'autres tragédies de Corneille, une sorte de tableau d'ensemble de l'histoire romaine?

● Montrez comment Corneille et Racine ont traité, chacun selon son tempérament et sa conception dramatique, le thème de l'opposition à la grandeur romaine, dans *Nicomède* et dans *Mithridate*.

● *Nicomède* et *Suréna*.

● Comparez *Nicomède* au *Cosroès* de Rotrou. (Voir Documents, page 153.)

● Comparez Prusias au Félix de *Polyeucte*.

● Comparez Arsinoé à la Béline du *Malade imaginaire*.

● Les ambitieuses chez Corneille : comparez Arsinoé et Cléopâtre (de *Rodogune*).

● Types d'ambitieuses : Arsinoé, Agrippine. Dégagez-en les traits caractéristiques.

● Appliquez à Laodice ce vers que Corneille fait dire à l'un de ses personnages :

L'amante d'un héros aime à lui ressembler.

● Discutez ce jugement de Petit de Julleville sur Laodice : « Le défaut de ce personnage est qu'il ne se distingue pas assez de Nicomède. C'est un Nicomède féminin plutôt que ce n'est une femme. »

● Appréciez ce jugement de Geoffroy : « On pourrait reprocher à Corneille que la vertu de son Nicomède est fausse, que c'est de l'orgueil et de la témérité plus que de la vertu, que son héros est fanfaron et insolent, et que braver la puissance romaine sans moyens de lui résister, c'est de l'étourderie, de l'emportement de jeune homme, et non pas de la grandeur d'âme. »

● Chamfort écrivait : « Dieu a recommandé le pardon des injures, il n'a point recommandé celui des bienfaits. »

Labiche faisait dire à un de ses personnages dans *le Voyage de M. Perrichon* : « Un imbécile est incapable de supporter longtemps cette charge écrasante qu'on appelle la reconnaissance » (acte IV, scène VIII).

Appliquez la boutade de Chamfort et le mot de Labiche au caractère de Prusias.

● Expliquez et discutez ce jugement de P. Desjardins : « Aucune de ses pièces ne lui ressemble davantage; *Nicomède* est de toutes la plus cornélienne. »

● Appliquez à *Nicomède* ce jugement de René Bray sur l'œuvre de Corneille : « Voilà les trois pôles de l'imagination de Corneille : héroïsme, galanterie, réalisme; voilà les ingrédients dont il compose ses pièces. Il est rare que l'un des trois manque. Même dans *le Cid*, à côté des deux héros, il y a la romanesque Infante et Don Sanche, et le monarque paterne. Parfois l'un domine; parfois ils s'équilibrent heureusement. Et leur jeu diversifie la tragédie. »

● L'élément romanesque dans *Nicomède*.

● « J'ai soutenu que pour faire une belle comédie, il fallait choisir un beau sujet, le bien disposer, le bien suivre et le mener naturellement à la fin [...]; qu'il fallait remettre à la philosophie de nous faire connaître ce que sont les hommes et à la comédie de nous faire voir ce qu'ils font » (Saint-Evremond, *Défense de quelques pièces du théâtre de Corneille*). Appréciez ce jugement. Dites si *Nicomède* remplit les conditions d'une « belle comédie » selon le critique.

● « L'admiration n'émeut guère », disait Voltaire. « Je crois qu'elle émeut profondément, réplique E. Faguet, et qu'elle ne cesse pas vite d'émouvoir [...]. Tous les drames populaires émeuvent l'âme des simples principalement par l'admiration que les héros généreux et magnanimes leur inspirent. Les larmes d'admiration du Grand Condé aux pièces de Corneille sont restées légendaires » *(En lisant Corneille).* Commentez ces opinions contradictoires en prenant des exemples dans *Nicomède,* particulièrement.

● Expliquez et discutez ce jugement de Voltaire : « Dans *Nicomède,* tout est petit, presque tout est grossier. Une grande partie de cette pièce est en style burlesque » *(Commentaires).*

● L'ironie dans *Nicomède;* sa qualité, sa valeur dramatique.

● Portrait du héros cornélien d'après Nicomède.

● Le critique Octave Nadal s'oppose à Lanson, qui rapproche dans un article célèbre la générosité cornélienne de la générosité cartésienne et, d'une façon plus générale, la théorie des passions chez Corneille de la théorie des passions chez Descartes. Ce dernier donne à la générosité une fin morale, et Nicomède serait l'expression dramatique de l'idéal moral cartésien. Corneille, selon Octave Nadal, lui donne une fin glorieuse. En vous appuyant sur *Nicomède,* vous apprécierez ces deux conceptions de la générosité cornélienne. (Vous trouverez dans le Lexique (page 36) le texte de Descartes sur la *générosité.*)

● La place de *Nicomède* dans l'œuvre de Corneille.

TABLE DES MATIÈRES

Imprimerie-Reliure Mame - 37000 Tours.
Dépôt légal Décembre 1975. — N° 10872. — N° de série Éditeur 12478.
IMPRIMÉ EN FRANCE *(Printed in France)*. — 870 039 D Janvier 1985.